COULEUR et JARDIN

MALCOLM HILLIER
COULEUR et JARDIN

Photographies de
STEPHEN HAYWARD ET STEVEN WOOSTER

Flammarion ltée

Titre original de cet ouvrage :
MALCOLM HILLIER'S COLOUR GARDEN

Photographies : Stephen Hayward et Steven Wooster
Traduction-adaptation : Gisèle Pierson
Photocomposition : Nord Compo, Villeneuve-d'Ascq

Imprimé en Grande-Bretagne

ISBN 2-89077-145-8

Dépôt légal : 2ᵉ trimestre 1996

Données de catalogage avant publication (Canada)

Hillier, Malcolm

Couleur et jardin

(L'eau à la bouche)

Traduction de : Malcolm Hillier's colour garden.

ISBN 2-89077-145-8

1. Couleur en jardinage.   2. Jardins – Architecture.   I. Titre.

SB454.3.C64H5514 1996   635.9'68   C95-941687-0

SOMMAIRE

La couleur

❖

Les couleurs et leur symphonie aux
multiples sonorités sont une fascination
constante pour tout créateur de jardins.
La théorie des couleurs, comme
tous les concepts abstraits, est facile
à comprendre si on la replace
dans un contexte familier.

LE CERCLE CHROMATIQUE

❖

Nous vivons dans un monde de couleurs. La couleur sollicite continuellement nos sens ; elle exerce une profonde influence, non seulement sur notre perception de la vie, mais aussi sur notre humeur et nos sentiments. Et pourtant, souvent nous ne lui prêtons guère attention, tant elle fait partie de notre quotidien. Pour le jardinier, elle est toujours présente. Il lui est facile de recréer mentalement la teinte d'une rose ou les différents verts d'une allée de feuillages. Mais, pour mieux comprendre l'emploi de la couleur dans la création d'une ambiance, il devra puiser dans son propre arc-en-ciel.

COULEURS PRIMAIRES

Rouge, bleu et jaune, disposés ci-contre en triangle, sont les trois couleurs primaires ; ce sont des couleurs pures, qui possèdent chacune des propriétés particulières. On considère, en général, que le rouge est riche et chaud, le bleu froid et lointain, et le jaune frais et lumineux. Si rouges et jaunes abondent dans le cercle chromatique du jardinier, le bleu est moins courant – proportions naturelles à respecter, car ces couleurs en quantités égales donnent un gris terne.

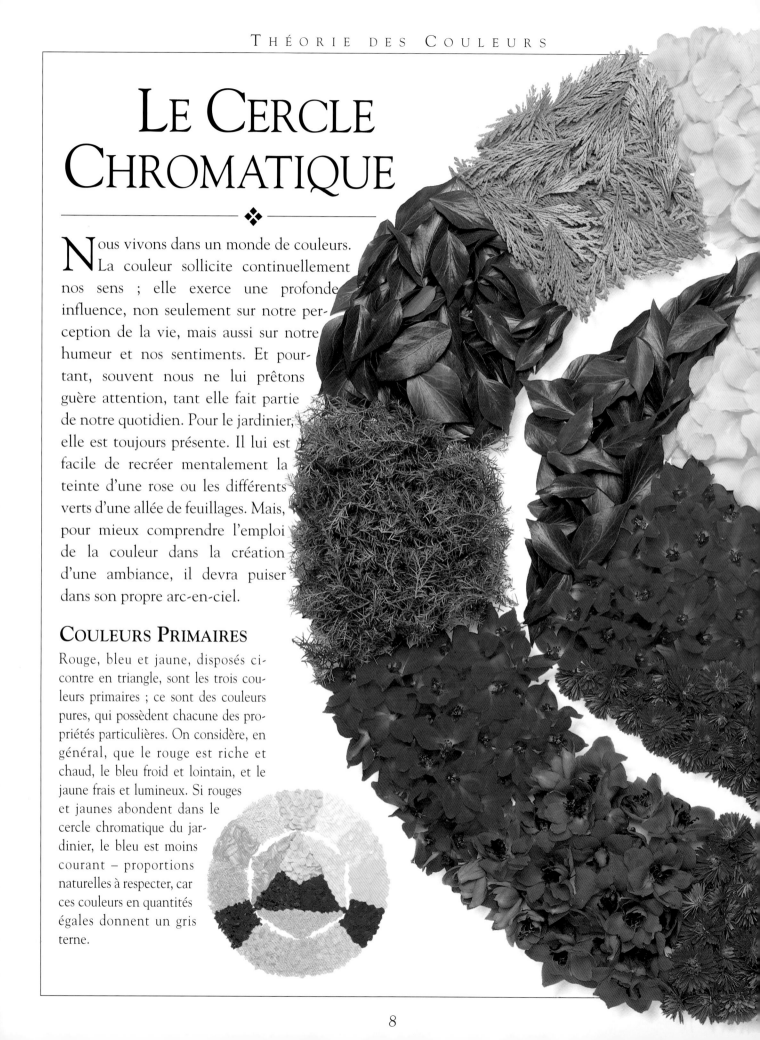

COULEURS BINAIRES

Vert, orange et violet sont les couleurs binaires. Elles n'existent pas en tant que telles, contrairement aux primaires, mais sont obtenues en mélangeant deux couleurs primaires à parts égales : jaune et bleu pour le vert, rouge et jaune pour l'orange, rouge et bleu pour le violet. Dans l'illustration ci-contre, les couleurs binaires sont représentées par trois triangles disposés autour du triangle intérieur de teintes primaires, chacun d'eux bordant les deux couleurs primaires qui composent la couleur binaire. Dans un jardin, le vert est la couleur binaire la plus importante, en raison de son omniprésence dans les feuillages.

COULEURS TERNAIRES

Dans l'illustration centrale, les couleurs primaires et binaires sont également placées sur le cercle extérieur, au point de contact de leur triangle respectif. On a placé entre elles les couleurs ternaires (voir cercle ci-contre), obtenues en mélangeant par deux les couleurs primaires et binaires les plus proches : rouge et violet donnent du pourpre, bleu et violet de l'indigo, bleu et vert du turquoise, jaune et vert du vert chartreuse, jaune et orange du doré, rouge et orange de l'écarlate. Toutes ces couleurs, excepté le vrai turquoise, absent du jardin – et remplacé sur l'illustration par du bleu-vert argenté –, nous sont offertes par le monde généreux des plantes, mais, contrairement aux couleurs primaires et binaires, elles sont beaucoup plus difficiles à définir, et chacun de nous les imagine de façon différente.

PROPRIÉTÉS DU JAUNE

❖

Le jaune primaire est la couleur la plus gaie du spectre, étoile brillante du cercle chromatique. Proche du blanc – la lumière pure –, il possède une grande luminosité. C'est une couleur vibrante, qui attire instantanément le regard. Associé à des verts lumineux et à l'or, le jaune déploie une palette particulièrement chaleureuse, depuis la délicate couleur jaune paille jusqu'au riche jaune d'œuf.

DÉCOR LUXURIANT
Le jardin semblera toujours baigné de soleil avec ce chaleureux mélange de jaunes, ors, verts dorés et crème. Les soyeuses flèches jaunes des lupins se détachent sur le feuillage doré du sureau. La rose 'Golden Wings', le sisyrinchium crème et le vert tilleul mousseux de l'alchémille complètent le tableau.

NUANCES CLAIRES

Au-dessus du jaune, on trouve les tons jaune citron, primevère et jaune paille, nuances plus claires des vert doré, jaune vif et or de la bande centrale. Ces couleurs, plus proches du blanc, très pures et lumineuses, sont parmi les plus fraîches de la palette. Bien représentées parmi les fleurs en toutes saisons, même en hiver, elles donnent également, tout au long de l'année, un éclat translucide aux feuillages panachés.

COULEURS PURES

Le jaune se trouve ici au centre, encadré à gauche par un frais vert doré, et à droite par un or généreux. Couleurs incontournables du jardin, l'or et le jaune, au printemps surtout, mais aussi en été et à l'automne, illuminent le décor de leur éclat vif et chaleureux. Le vert doré se rencontre essentiellement dans le feuillage des arbres et des arbustes – bouleau, choisya, elaeagnus et fusain.

NUANCES FONCÉES

Sous le jaune, le jaune moutarde est encadré de vert émeraude, à gauche, et de riche jaune d'œuf, à droite. Ces nuances plus foncées des teintes de la bande centrale absorbent la lumière ; on les rencontre dans le feuillage et les fleurs, le jaune moutarde étant moins courant. Le vert est présent dans toutes les teintes de feuilles, tandis que le jaune d'œuf illumine les feuilles d'automne.

PROPRIÉTÉS DE L'ORANGE

❖

L'orange incarne la vivacité, le dynamisme et le spectaculaire, mais c'est une couleur bivalente, qui peut éteindre et anéantir l'effet de certains coloris, comme les teintes pourpre et bleu foncé, donnant alors un ensemble terne et sans vie. Les tons orange pur sont extrêmement chauds et gais ; ils contrastent merveilleusement avec les bleus clairs, les roses pâles et les vert tilleul toniques, qu'ils font vibrer.

SYMPHONIE AUTOMNALE

Les tons ambrés reflètent le soleil d'automne déclinant. Au début de l'été, Crataegus prunifolia est couvert de fleurs blanches, plus tard remplacées par des grappes de fruits dont les couleurs vives s'harmonisent somptueusement avec l'orange mordoré des feuilles automnales.

NUANCES CLAIRES

Blé mûr, abricot et pêche sont les variantes pastel de l'orange pur au centre du carré. Ces nuances, plus mates et plus assourdies que l'orange, permettent de créer de douces ambiances raffinées. Associées au gris, au vieux rose ou au bleu acier, elles composent des harmonies reposantes. On les retrouve dans de nombreuses roses, surtout les hybrides de thé, et dans les chrysanthèmes d'automne.

COULEURS PURES

Or, à gauche, et ambre, à droite, encadrent l'orange pur. Comme toutes les couleurs proches de l'orange, ces tons évoquent avant tout l'automne, mais il existe également de nombreuses fleurs printanières et estivales dans ces nuances. Ainsi encadré et souligné, l'orange est bien mis en valeur, créant une ambiance ensoleillée et chaleureuse.

NUANCES FONCÉES

La gamme foncée des orange crée une atmosphère différente. Avec le rouille, l'acajou et le rouge sang, l'effet chaleureux est accentué. Ces tons riches et vigoureux sont mis en valeur par les jaunes et les rouges qui les côtoient sur le cercle chromatique. Le pourpre et les bleus foncés les assombrissent, tandis que le blanc en arrière-plan les souligne.

PROPRIÉTÉS DU ROUGE

❖

Le rouge primaire est une couleur merveilleuse, toutefois difficile à utiliser dans un jardin. Opposé au vert – coloris si largement représenté dans les feuillages – sur le cercle chromatique, le rouge a tendance à être beaucoup trop vibrant et trop tonique pour être apaisant. Il évoque le dynamisme et la vigueur plus que la sérénité, et il tend à pousser à l'action plutôt qu'à inviter au repos.

EXPLOSION DE COULEURS

Peu de fleurs offrent une couleur aussi intense que ces tulipes de printemps, cette saison n'étant pas seulement vouée aux tons pastel. Leur rouge vif et leurs feuilles panachées rappelant l'écorce tachée de lichen forment une association spectaculaire. L'éclat du rouge est encore rehaussé par le velours des pétales.

NUANCES CLAIRES

En quittant les couleurs chaudes du cercle chromatique, on atteint des tons plus frais, le rose s'associant ici au pêche, à gauche, et au mauve, à droite. Ces pâles dérivés du rouge sont beaucoup plus sobres et plus facilement utilisables en composition. Associés à du feuillage argenté ou doré, ils composent une ambiance un peu surannée, paisible et feutrée, non dénuée d'intérêt.

COULEURS PURES

Le rouge pur est ici encadré par l'écarlate, à gauche, et le pourpre, à droite, association qui peut facilement heurter le regard et le sens esthétique. Les deux teintes extérieures, en particulier, jurent l'une avec l'autre, évoquant la confusion et la discorde. Toutefois, ces mélanges de couleurs vives peuvent se révéler dynamiques et ne doivent certainement pas être éliminés d'office.

NUANCES FONCÉES

Les variantes foncées du rouge sont plus faciles à aborder que celles de la bande centrale. De gauche à droite se succèdent un marron foncé profond, un rouge sang presque noir (présent dans beaucoup de roses et dahlias) et un somptueux pourpre sombre, tous aussi lumineux et chaleureux. Associées au rouge, ces couleurs donneront des mélanges plaisants, permettant de créer des décors d'une vibrante intensité.

PROPRIÉTÉS DU VIOLET

❖

L e violet tire son nom de la timide violette ; comme elle, il s'octroie rarement la première place, à moins d'être associé à sa couleur complémentaire, le jaune vif, qui le met immédiatement en valeur. Avec ses voisins, le pourpre et surtout l'indigo, le violet est aux sombres confins de la gamme des couleurs. Rose bleuté, argent et gris sont ses alliés, mais les rouge, orange et bleu, qu'il éteint, le font paraître terne.

ÉLOQUENCE DISCRÈTE
Le lilas jaspé de lavande place la pensée Viola × wittrockiana *à la pâle limite du violet. Parmi les boutons d'allium prêts à éclore et les tiges et feuilles d'un vert intense, elle compose un massif d'été d'une grande simplicité.*

NUANCES CLAIRES

La bande supérieure comporte trois nuances pâles dérivées du violet : rose bleuté au centre, bleu lilas à gauche et rose glacé à droite. La merveilleuse douceur de ces couleurs sera mise en valeur par des plantes à feuillage argenté ou gris. Nombre de fleurs vivaces et d'arbustes, tels le lobelia et l'hortensia, offrent ces nuances, et l'on retrouve les roses bleutés et glacés chez plusieurs espèces de roses.

COULEURS PURES

Au milieu du carré se trouve une nuance douce de violet pur, encadrée par l'indigo, à gauche, et le rose framboise, à droite. Si ces trois couleurs forment un mélange harmonieux, ni l'indigo ni le rose ne se marie bien avec le violet seul. En revanche, un pâle jaune crème donnera de la vigueur à cette combinaison.

NUANCES SOMBRES

La bande inférieure du carré se compose de violet sombre au milieu, de bleu-pourpre foncé à gauche et de rose fuchsia à droite. Ces tons somptueux de la gamme des violets, d'une grande générosité, sont encore plus beaux quand ils sont associés. Aconits (ravissants bien que vénéneux), géraniums, lavande, delphiniums, roses et clématites offrent un superbe choix de ces coloris.

PROPRIÉTÉS DU BLEU

❖

Dans le monde des fleurs, le bleu est une couleur à la fois merveilleuse et décevante ; rafraîchissante, apaisante, mais également froide et distante, cette belle teinte est très capricieuse, et de nombreuses plantes dites bleues présentent, en fait, des nuances lilas et mauves lavées de rouge. Le pavot bleu *Meconopsis betonicifolia*, le plumbago, la véronique, la bourrache et de nombreux delphiniums offrent néanmoins ce bleu pur, rare et précieux.

OCÉAN DE BLEU

Sous certains éclairages – le soleil au zénith filtrant à travers le feuillage vert clair –, les extraordinaires jacinthes des bois se parent d'un bleu irréel. Quand le soleil est plus bas et la lumière moins vive, elles revêtent une robe mauve. Mais bleues ou mauves, ces jacinthes offrent toujours un spectacle féerique.

NUANCES CLAIRES

En haut, de gauche à droite, lilas, bleu glacier et turquoise clair composent un tendre trio dans la gamme du bleu pâle. Ces douces nuances d'une couleur si difficile à trouver sous sa forme pure s'associent merveilleusement bien avec le bleu quand du turquoise teinté de vert orchestre leur symphonie. Tout aussi charmantes, quoique moins surprenantes, sont les harmonies de lilas, de bleu rosé, de bleu franc et de crème.

COULEURS PURES

Le bleu règne en maître au centre. A gauche, l'indigo est une nuance que l'on peut trouver dans la nature, par exemple chez l'aconit. Mais le turquoise – remplacé ici par du bleu-vert argenté, à droite – n'est pas une couleur disponible au jardin. L'*Oxypetalum caeruleum* en est proche, mais il paraît très curieusement artificiel.

NUANCES FONCÉES

Un ténébreux trio occupe la bande inférieure. Le bleu sombre, au centre, est encadré de violet profond, à gauche, et de bleu pétrole, à droite. Ces trois tons mystérieux constituent des extrêmes. Bien qu'on puisse les associer, il est difficile de les marier à d'autres coloris. Leur combinaison avec le rouge et l'orange, à l'opposé sur le cercle chromatique, est particulièrement discordante.

PROPRIÉTÉS DU VERT

❖

Le vert est la couleur dominante du jardin. Si les fleurs vertes sont rares (les orchidées constituant une exception), en revanche, les feuilles proposent d'innombrables nuances de cette couleur, qui peut être pure, mais également teintée d'argent, de bronze, de bleu, de doré, etc. Léger et vivifiant, le vert est rafraîchissant quand il est solitaire, spectaculaire avec du rouge, et son association avec du jaune et du bleu donne des combinaisons harmonieuses.

HARMONIE DE VERTS
Parmi tous les arbres et arbustes, les conifères offrent la plus grande variété de verts. Vert argenté, tilleul, bleu-vert (proche du turquoise), vert-jaune, vert doré, vert pâle, vert sombre : genévrier, thuya, sapin et cyprès déclinent toute la gamme.

NUANCES CLAIRES

La bande supérieure présente, à gauche, un ton froid bleu turquoise (quoique ce ne soit pas vraiment une couleur de jardin, il est illustré ici par des muscaris), que l'on trouve chez quelques delphiniums et hostas. Le vert olive, au milieu, est un peu effacé, tandis que le vert citron, à droite, se révèle très utile au jardin : il met particulièrement en valeur les bleus, ainsi que les teintes pastel abricot, pêche, rose et lilas.

COULEURS PURES

Au centre, le vert feuille profond et luisant est le plus pur. A gauche, la fraîcheur du vert-bleu évoque le turquoise, rare parmi les plantes. Le vert doré chaleureux, à droite, illumine, tout au long de l'année, les persistants tels que le *Choisya ternata* 'Sundance'.

NUANCES FONCÉES

Sur la bande inférieure, le vert sombre du milieu, mat et absorbant la lumière, se trouve dans les feuillages des espèces caduques aussi bien que persistantes ; écarlate et rouge orangé réveillent sa nuance relativement terne. Le vert-bleu foncé, à gauche, est superbe associé à des teintes argentées, tandis que le vert doré profond, à droite, est suffisamment tonique pour être utilisé seul.

PROPRIÉTÉS DU BLANC

❖

Le blanc est aussi invisible, dans sa forme pure, que la lumière elle-même. La couleur dite blanche se compose, en fait, de lumière réfléchie mélangée à d'autres couleurs en diverses quantités. Il existe d'infinies nuances de blanc, toutes généreusement offertes par la nature. Associé à d'autres teintes, le blanc peut varier considérablement, car les tons des feuilles ou des fleurs environnants affectent la perception que nous avons de cette couleur. Pour attirer les insectes pollinisateurs malgré leur manque d'éclat, les fleurs blanches ont souvent recours au parfum. Roses, giroflées d'été, jasmin, lis, tabac : la liste est longue et variée, et il n'est pas surprenant que les massifs blancs soient si recherchés, à la fois pour l'harmonieuse sérénité qui s'en dégage et pour leurs merveilleux effluves.

▲ HARMONIE BICOLORE
Le blanc des iris (au premier plan, à gauche) paraît plus chaud, contre la masse pourpre du cotinus, que celui du viburnum, dont la floraison neigeuse se détache sur un dense rideau de feuillage printanier vert vif.

◄ ÉTOILES BLANCHES
Sur un tapis de tanacetum plumeux bleu argenté, les marguerites blanches brillent comme des étoiles. Les feuilles épineuses d'aloès concentrent la couleur et ajoutent l'intérêt de leur texture.

BLANC ET VERT DORÉ

Les délicates fleurs blanches au centre de chaque carré sont exactement identiques, mais elles paraissent d'une nuance différente de blanc selon la couleur qui les entoure. Contre le vert doré, elles sont blanc pur.

BLANC ET VERT FONCÉ

Au milieu d'un vert profond et luisant, le blanc semble lui-même légèrement teinté de vert. Ici, la couleur intense de l'entourage du petit carré est à la fois reflétée et absorbée par le blanc.

BLANC ET ACAJOU

Placé contre de l'acajou, le carré blanc paraît beaucoup plus chaleureux : la teinte acajou contient du rouge, couleur chaude du cercle chromatique.

BLANC ET GRIS

Le gris chaud du feuillage éteint totalement le carré de fleurs blanches, auquel il donne une teinte beige sans intérêt. Au contraire, un gris froid, aux nuances bleu argenté, redonnerait vie au blanc.

CONTRASTE DES COMPLÉMENTAIRES

L e contraste est maximal quand il s'agit de couleurs opposées sur le cercle chromatique (bien que leur mélange donne une teinte d'un gris plutôt terne). Les contrastes se font soit entre une primaire et une binaire – jaune et violet, rouge et vert ou bleu et orange –, soit entre deux couleurs ternaires – indigo et or, turquoise et écarlate ou pourpre et vert chartreuse (explication des couleurs binaires et ternaires page 9). Dans chacun des duos, les couleurs brillent comme si elles étaient éclairées.

▲ OPPOSITION ÉCLATANTE
Tulipes orange et jacinthes bleues forment une association extraordinaire, surtout si le vert, qui atténue l'effet de contraste, est à peine visible. Si l'une des couleurs est en quantité moindre, le contraste est encore plus frappant.

CONTRASTE ÉBLOUISSANT ▶
Contre le vert vibrant des grandes épées du crocosmia, les dahlias rouge vif paraissent en feu. En donnant une moindre importance au rouge par rapport au vert, on accentue encore le contraste.

JAUNE ET VIOLET

Le même jaune est successivement sur du violet, son complémentaire sur le cercle chromatique, et sur du doré, couleur adjacente au jaune, avec lequel il s'harmonise bien. Les deux jaunes paraissent complètement différents. Contre le violet, le carré jaune brille d'un vif éclat et attire le regard. Mais, contre le doré, il semble reculer et devenir beaucoup plus modeste.

ROUGE ET VERT

Chaleur du rouge vibrant contre fraîcheur du vert feuille, ces complémentaires forment ici un contraste vigoureux. On a du mal à croire que ce soit le même rouge qui se trouve au milieu du pourpre : il semble avoir perdu la majeure partie de son éclat. Dans un jardin, le vert du feuillage fait généralement ressortir le rouge et renforce toujours son impact.

BLEU ET ORANGE

Cette association d'une couleur primaire et d'une couleur binaire est peut-être la plus frappante. Les tulipes et les jacinthes de la page ci-contre illustrent concrètement ce feu d'artifice qu'offrent le bleu et l'orange. Associé à l'orange, le bleu est intense et vibrant, alors que sur le carré pourpre (adjacent au bleu sur le cercle chromatique), il paraît terne et sans intérêt.

HARMONIES

❖

POURPRE

VIOLET

INDIGO

BLEU

TURQUOISE

VERT

L e cercle chromatique permet un nombre in-calculable de combinaisons. Les duos de couleurs adjacentes sont à la fois beaux et reposants. Pour former ces paires, le cercle est divisé en deux verticalement. La moitié « chaude » va du rouge en haut, au vert tilleul, en bas ; la moitié « froide » va du vert, en bas, au pourpre, en haut. Chaque moitié est ensuite divisée en paires, qui dégagent une atmosphère différente selon leur place sur le cercle. Du côté chaud, rouge et écarlate forment un accord vibrant, orange et doré sont assourdis mais encore ensoleillés, jaune et vert tilleul composent un duo légèrement contrasté. Sur la moitié froide, on trouve le vert et le turquoise, ce dernier, extrêmement rare chez les plantes, étant représenté ici par des feuilles gris-bleu argenté, bleu et indigo sont les tons les plus frais, tandis que violet et pourpre créent une ambiance sobre et discrète.

DUOS À DOMINANTE FROIDE

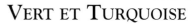

VIOLET ET POURPRE

La calme réserve du violet et du pourpre engendre un duo au charme désuet. Lavande et roses anciennes incarnent cette ambiance.

BLEU ET INDIGO

Ces teintes très proches évoquent les mers profondes et l'intensité d'un ciel d'été. Elles seront superbes contre un blanc étincelant.

VERT ET TURQUOISE

Les divers bleus et turquoise des feuillages créent un décor apaisant. Le turquoise est ici bleu-vert, bleu argenté ou gris.

MOITIÉ CHAUDE

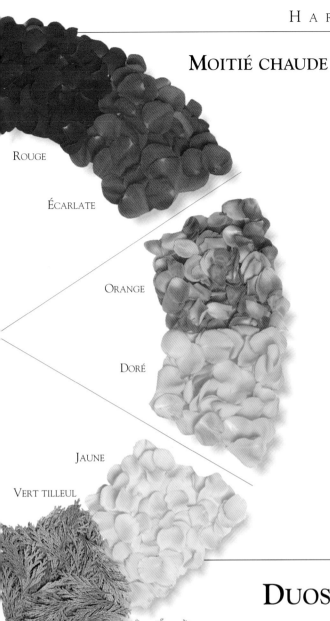

ROUGE

ÉCARLATE

ORANGE

DORÉ

JAUNE

VERT TILLEUL

SUR LA MÊME LONGUEUR D'ONDE
On peut presque sentir la chaleur de ces tulipes au généreux rouge sombre et de ces belles giroflées orange, tant attendues au printemps. Bien que les couleurs soient éclatantes, elles se marient parfaitement.

DUOS À DOMINANTE CHAUDE

JAUNE ET VERT TILLEUL

Pur et frais, ce duo est particulièrement tonique et toujours vivifiant. Le vert tilleul rehausse toutes les couleurs du jardin.

ORANGE ET DORÉ

Orange et doré composent une mélodie harmonieuse. Ces tons d'automne, chauds et apaisants, sont tout aussi beaux en été.

ROUGE ET ÉCARLATE

Ce duo vigoureux et vibrant capte l'attention. Le rouge, pourtant difficile à associer, semble avoir été fait pour l'écarlate.

ASSOCIATIONS AUDACIEUSES

❖

La beauté des associations de couleurs n'est pas toujours due aux contrastes ou aux harmonies classiques ; elle jaillit souvent de mariages insolites, que certains pourront juger discordants, mais qui permettent d'obtenir un décor réellement personnel. Contrairement au jardin monochrome qui donne une impression de sage et rigoureux ordonnancement, le jardin aux multiples couleurs est toujours gai et semble avoir poussé avec la plus totale spontanéité. Procurez-vous des fleurs de vos teintes favorites et associez-les en essayant de créer une atmosphère qui vous convienne. Les quatre carrés illustrés page ci-contre vous aideront en ce sens : ils rapprochent des tons de façon inhabituelle, mais composent toutefois une belle et riante harmonie.

FRAICHEUR ORIGINALE
Ce duo de couleurs paraîtra peut-être trop original à certains jardiniers ; pourtant, l'alliance du rose bleuté pâle des ombelles d'allium et du jaune tendre des longues grappes soyeuses de cytise est très poétique.

MARIAGE RÉUSSI
Le rose de l'Achillea 'Salmon Beauty' se marie bien avec le bleu tendre des campanules. Couleur chaude contre couleur froide, les nuances pastel du rouge et du bleu (mélange plutôt agressif en couleur pure) forment ici une délicate harmonie.

ATMOSPHÈRE CHALEUREUSE

Rouge, rose, jaune et vert tilleul s'unissent en un mélange chaleureux et revigorant. Que ce soit au printemps, en été ou en automne, ces couleurs ensoleilleront les massifs.

ATMOSPHÈRE ESTIVALE

Ce mélange évoque les pêches, abricots et nectarines encore tout chauds de soleil. Rose pâle, or et vert frais chantent la joie de vivre au cœur de l'été, après le déclin des roses.

ATMOSPHÈRE PAISIBLE

Jaune primevère, rose pâle, bleu et argenté sont des couleurs fraîches et tendres. Le bleu intense apporte une note paisible au mélange réussi du jaune et du rose, que rehausse le feuillage argenté.

ATMOSPHÈRE OISIVE

Ce mélange assourdi d'orange mat, de blanc piqué de rose framboise et de bleu pétrole métallique évoque des brumes de chaleur, l'indolence d'un après-midi d'été, un hamac entre deux arbres...

FORMES ET TEXTURES

❖

L a couleur pure n'existe pas au jardin ; elle est toujours modifiée par des facteurs extérieurs. Ainsi, formes et textures influencent notre perception de la couleur et l'atmosphère qui s'en dégage. Le blanc gypsophile mousseux dessine un fin brouillard élégant à la manière d'un peintre pointilliste, mais une somptueuse masse de pivoines blanches épanouies crée une impression toute différente. Les feuilles sont également importantes : grande, plumeuse, plate, plissée, ourlée ou en volute, chacune d'elles revêt une forme originale qui reflète diversement la lumière. Quand bien même elles seraient toutes d'une teinte identique, nous percevrions autant de verts que de formes. Enfin, les textures – brillante, coriace, velue, lisse, charnue – produisent des effets variables.

IMPRESSION FUGITIVE ▶
La lumière printanière qui illumine cet érable s'accroche au bord dentelé des feuilles en les striant d'or. A l'arrière-plan, un if vert sombre semble se cacher dans sa pyramide de feuillage trouée d'ombres. Sous le jeune arbre, les scilles roses et lilas forment un tableau impressionniste.

▼ ÉLÉGANCE DISCRÈTE
Le même vert tilleul tendre, ici sous deux formes distinctes, produit un merveilleux effet. Ourlées et finement dentelées, les feuilles presque rondes de l'alchémille se marient remarquablement avec les fins plumets vaporeux du jeune fenouil.

◄ PRISON D'ÉPINES
Les tiges épineuses argenté et rouille de la mûre d'ornement Rubus cockburnianus emprisonnent les jonquilles dans une cage délicate. Plus tard, l'effet quelque peu menaçant sera adouci par les feuilles en fronde et les fleurs lilas.

▼ TEXTURES CONTRASTÉES
Ces deux plantes, pourtant différentes, présentent toutes deux des bractées généreuses entourant les fleurs : celles des hortensias, roses et blotties autour des petites fleurs, se marient avec les dures et épineuses bractées argentées de l'eryngium.

VELOURS ET TAFFETAS ▼
Avec ses tiges noueuses d'un blanc laineux et ses larges feuilles veloutées gris argenté, un grand spécimen de Verbascum bombyciferum forme un contraste subtil avec le feuillage tonique d'un fusain panaché.

DISTANCES ET PROPORTIONS

❖

L a couleur permet d'obtenir des effets de trompe-l'œil, en particulier dans les distances et les proportions. Les couleurs froides, surtout le vert-bleu foncé, paraissent plus éloignées qu'en réalité. Les couleurs chaudes et vives semblent avancer davantage et être plus proches (description des couleurs chaudes et froides pages 26 et 27). Pour faire paraître plus long un petit jardin, placez au premier plan des fleurs et des feuillages jaunes, et au fond des fleurs bleu foncé ou pourpres associées à du feuillage vert-bleu et vert foncé. Les nuances pastel des couleurs fortes donnent également une impression de distance. Bien utilisées, elles permettent de créer des perspectives tout à fait intéressantes, et ainsi de se jouer des contraintes de l'espace.

▲ PROXIMITÉ DU ROUGE
Sans les pavots rouges du centre (cachez-les avec votre doigt), cette bordure paraît extrêmement large. Mais les pavots jaillissent vers l'avant, entraînant avec eux le décor environnant et diminuant d'autant la largeur de la bordure.

◄ PERSPECTIVE
La brune floraison vaporeuse de ce Cotinus coggygria 'Foliis Purpureis', ou arbre à perruque, recule à l'arrière-plan de cette scène champêtre, et le vert vif du baptisia à mi-distance le pousse en avant, le rendant plus proche.

COULEURS ÉTAGÉES ▶

Les couleurs créent une sorte de décalage, donnant une impression un peu irréelle. Le blanc et le rose des fleurs de sedum, de lavatère et de dahlia projettent ces plantes en avant, tandis que des touches de blanc et de beige cendré sur la toile de fond bien structurée attirent le regard.

▼ ILLUSIONS D'OPTIQUE

Les masses jaunes distinctes paraissent se superposer, donnant l'impression d'une bordure étroite. Les effets de distance sont abolis, et l'on imagine se trouver en présence d'une surprenante image en trois dimensions.

LUMIÈRE SAISONNIÈRE

❖

Chaque saison possède sa propre lumière. La clarté printanière se retrouve dans les jaunes, bleus et roses des fleurs, qui sortent de terre à profusion. Le début de l'été offre, au petit jour, une chaude lumière qu'irise une brise frémissante ; puis le soleil est au zénith, et les couleurs sont étincelantes. Quand l'été décline, la nature paraît lasse, l'air est pesant et les couleurs se fanent.

L'automne chante une courte mélodie colorée, baignée à l'aube de lumière éthérée, au crépuscule d'une flamme couleur de miel qui embrase la nature. L'hiver, vêtu tantôt de clarté bleue cristalline, tantôt de gris épais et cotonneux, lance des étoiles de couleur, et la vie termine son cycle, avant d'en entamer un nouveau, qui suivra l'incessante ronde des saisons.

LUMIÈRE D'HIVER ▶
Deux sombres ifs d'Irlande se découpent sur le gris argenté du ciel immobile, ramparts contre le froid vif. Entre eux, l'écorce rose du bouleau Betula ermanii (dont l'élégance risque de disparaître en été sous la profusion des couleurs) baigne dans la douce clarté hivernale.

▼ LUMIÈRE DE PRINTEMPS
La transition entre l'hiver et le printemps semble imperceptible. Soudain surgit une jeune mousse verte, baignée de lumière transparente, et tous les sens se réveillent. Dans la clarté pure et fragile de l'aube printanière, ces perce-neige ressemblent à des gouttes d'eau scintillantes.

▲ LUMIÈRE D'ÉTÉ
*Chaude, brillante, vive, chatoyante,
la lumière d'été déploie ses mille facettes.
Le soleil est au zénith, puis il projette
de fortes ombres noires, avant de balayer
les fleurs d'une coulée d'or.*

◀ LUMIÈRE D'AUTOMNE
*La chaleur de l'été jette ses derniers feux.
Or, cuivre, rouille, acajou composent
une gamme de couleurs qui flamboient
dans la lumière automnale. La palette
chaleureuse de cette époque de l'année
éclabousse généreusement les massifs
et les feuillages.*

DE L'AUBE AU CRÉPUSCULE

❖

En soignant leurs plantes, les jardiniers se familiarisent rapidement avec les fluctuations de la lumière au cours de la journée et son incidence sur les couleurs. Le matin, quand le soleil vient à peine de paraître à l'horizon, la lumière est tamisée et plutôt froide, et les contours des plantes sont alors nettement définis. C'est le moment idéal pour photographier le jardin. A midi, le soleil est au plus haut, et la lumière est écrasante : les ombres sont effacées, le paysage est moins bien défini, et les couleurs sont moins vives. Le soir, le soleil est à nouveau bas, mais la lumière est beaucoup plus chaude et plus profonde qu'au matin. Les ombres sont longues, et chaque feuille, chaque pétale se détache à nouveau distinctement dans l'éclat doré du couchant.

▲ LUMIÈRE DE MIDI

A midi, le soleil recouvre les paysages d'une chape de lumière écrasante : les tons pastel, si ravissants le matin et le soir, sont tout à coup sans intérêt, et seule une palette vigoureuse peut rivaliser avec l'astre éblouissant.

▲ LUMIÈRE DE L'AUBE

Les premières lumières de l'aube illuminent ces graminées qui, à midi, paraîtront ternes. Plantes et fleurs blanches sont tout particulièrement belles de bon matin. Leurs contours nets et bien définis jettent des éclats de fraîcheur parmi les ombres.

LUMIÈRE DU SOIR ▶

Dans la chaude et profonde lumière de la tombée du jour, les multiples nuances de vert revêtent un somptueux éclat doré. Des ombres légères jouent sur les pierres encore chaudes, tandis que le soleil couchant nimbe l'horizon de son auréole rougeoyante.

Le Printemps

Les premières scilles offrent un spectacle incomparable. Elles déroulent paisiblement leur bleu lumineux sur les pentes herbues et les vallons boisés, sous le voile diapré du ciel printanier.

PALETTE
DU PRINTEMPS

Saison du renouveau, le printemps et sa joyeuse palette proclament l'éveil de la nature. Les arbres se déploient en masses vert doré translucide, l'herbe pousse ses brins vert tilleul dans la terre nue, les jonquilles répandent des coulées de jaune limpide. Les arbres mêlent floraisons blanches et rose tendre, les scilles forment des lacs d'un bleu transparent. Çà et là, l'ensemble est rehaussé par des touches écarlates, orange et cerise.

CIEL DE PRINTEMPS ET CERISIER DU JAPON
Au printemps, la lumière revêt tout à coup une clarté nouvelle quand le ciel d'un bleu clair intense se couvre soudain de nuages blancs galopants. Ci-dessus, un cerisier du Japon répand sur le sol ses pétales neigeux; des ombres mouvantes font miroiter la floraison et l'herbe verte.

• Dans la palette du printemps,
le ROUGE recouvre un large
spectre, allant des tons vifs
lumineux au pastel transparent.
Associé aux autres couleurs
printanières, sa douce chaleur
annonce la richesse de l'été.

• Le JAUNE, couleur de la gaieté,
anime les rouges, bleus, blancs et
verts de la palette du printemps.
Du citron le plus pâle à l'orange
éclatant, le jaune crée l'ambiance
chaleureuse qui convient si bien
à cette époque de l'année.

• Le BLEU et ses surprenantes
nuances font écho au ciel
printanier et à l'eau scintillante.
Associé aux feuilles toutes
neuves et frémissantes, l'éclat
serein du bleu attire le regard.

• Au printemps, la nature
privilégie le BLANC, couleur
de la lumière et de la pureté,
pour symboliser la saison
du renouveau. Blanc neige
ou blanc crème, il apporte
l'étincelle qui illumine
la palette tout entière.

• Le VERT, nuancé d'or sur
les jeunes feuilles, est la base
de la palette du printemps.
Cette toile de fond aux
multiples dégradés donne
une douce transparence aux
autres couleurs de la saison.

FRAICHEUR DES VERTS

DUO EN VERT

Bien que le vert (surtout le vert-jaune acidulé) soit le principal composant de la palette printanière, il lui arrive de n'apparaître que tardivement, lors des années froides, quand les plantes consentent enfin à exposer leurs nouvelles feuilles brillantes. Fougères, graminées et hostas offrent alors à profusion des verts généreux. Le vert frais des arbres, illustré par le gracieux érable japonais et le saule argenté ci-contre, domine également chez de nombreuses euphorbes et dans la boule-de-neige. Cette période est brève, bientôt balayée par le souffle de l'été.

HARMONIE DE COULEURS

Cette association reposante mêle les verts plus ou moins chauds des fleurs et du jeune feuillage des boules-de-neige et des hostas, ainsi que les merveilleux ors du troène et des feuilles de reines-des-prés. Mariez différents verts pour créer une atmosphère à la fois paisible et stimulante.

VIBURNUM OPULUS
Boule-de-neige.
*Les fleurs rondes
de cet arbuste
deviennent
presque blanches
en se fanant.
Le feuillage devient
rouge à l'automne.*

SYMPHONIE DE VERTS
Autour d'un cyprès, les fougères déroulent leurs frondes, tandis que les hostas, euphorbes, Ligularia et hémérocalles offrent leur parure de feuilles. Le vert tilleul de la fougère d'Allemagne Matteuccia struthiopteris fait écho à l'Euphorbia seguieriana.

42

RENOUVEAU
*Les herbes, tristement insignifiantes en hiver,
retrouvent leur vigueur. Le soleil printanier
met en valeur les feuilles élancées de la laîche
Carex grayi, qui pousse parmi les douces
violettes. Hakonechloa macra 'Aureola',
une très belle graminée, s'épanouit en cascades
rayées vert doré qui seront remplacées,
en automne, par de longs épis couleur de rouille.*

LIGUSTRUM OVALIFOLIUM 'AUREUM'
Troène. *Arbuste dense et dressé,
persistant ou semi-persistant, pour
les haies et l'art topiaire.*

FILIPENDULA ULMARIA 'AUREA'
Reine-des-prés. *Vivace appréciée
pour son jeune feuillage brillant,
devenant vert pâle, et pour ses
fleurs blanc crème en été.*

HOSTA FORTUNEI
'AUREA' Funkia.
*Vivace vigoureuse,
appréciée des limaces
comme tous les hostas.
Les fleurs pourpres en
trompette apparaissent
en été.*

ATTIRANCE DES EXTRÊMES

Bleu et orange, jaune et violet, rouge et vert : opposées sur le cercle chromatique, ces couleurs sont donc les plus contrastées. Intenses et lumineuses, elles attirent et éblouissent le regard, et leur brillance n'est en rien amoindrie lorsqu'on les rapproche, les opposés devenant d'inséparables compagnons. Bien que le jaune triomphe en cette saison, de nombreux autres coloris, surtout chez les tulipes et les rhododendrons, ponctuent superbement la palette des tendres nuances printanières.

EUPHORBIA CHARACIAS SUBSP. CHARACIAS Euphorbe. Buisson dressé persistant aux feuilles vert-gris, fleurissant du printemps au début de l'été.

HARMONIE DE COULEURS

L'association du rouge vif et de plusieurs nuances de vert crée un décor animé, bienvenu après les grisailles de l'hiver. Voyez comme le rouge profond de ces renoncules est lumineux ; mais si on le cache avec la main, les verts paraissent aussitôt beaucoup plus ternes. De même, le rouge serait moins intense sans son manteau de verdure.

CONTREPOINT
Les fleurs grandes ouvertes de ces tulipes 'Golden Duchess' contrastent superbement avec le bleu-violet vif des Muscari armeniacum. Plantez les bulbes de printemps en nappes de couleur dense, mais évitez les massifs trop formels.

RANUNCULUS ASIATICUS Renoncule des fleuristes. *Plante bulbeuse à planter en situation abritée; fleurs rouges, roses, jaunes, orange ou blanches, simples ou doubles, de la fin du* • *printemps au début de l'été.*

SUBTIL CONTRASTE
Les contrastes subtils peuvent être aussi réussis que les oppositions vigoureuses. Ici, Euphorbia griffithii 'Fireglow' orange se marie joliment, à la fin du printemps, avec l'iris japonais bleu pourpre, soulignant l'atmosphère décontractée de ce coin du jardin.

• *BUXUS SEMPERVIRENS* Buis commun. *Buisson persistant ou petit arbre atteignant 5 m ; jeunes feuilles vert brillant à la fin du printemps.*

• *BUXUS SEMPERVIRENS* Buis commun. *Les feuilles des années précédentes offrent un vert profond et lustré contrastant avec le revers clair et mat.*

CONTRASTES SUBTILS

PRIMULA VULGARIS

L E MÉLANGE DE JAUNE, couleur intense du printemps, et de pourpre, lilas et rose bleuté est particulièrement réussi. Le contraste est beaucoup moins strident qu'avec du violet, mais le jaune réveille les autres nuances et les réchauffe de sa lumière. Cerisiers à fleurs, jacinthes, azalées, camélias, rhododendrons, tulipes et primevères *(à gauche)*, qui offrent cette gamme de couleurs, sont rehaussés par les touches de vert pâle et doré du feuillage printanier.

HARMONIE DE COULEURS

Arbustes et bulbes printaniers ont une courte floraison. Tirez le meilleur parti de leurs contrastes subtils en superposant les coloris. Au début du printemps, les étoiles d'or du forsythia éclatent sur ses tiges nues. Le troène panaché offre toute l'année une note de couleur, mais c'est à la fin du printemps qu'il est le plus intéressant, avec ses jeunes pousses. Les fleurs pourpres de l'allium (ail décoratif) et la tulipe 'Renown' lavée de carmin comblent les espaces vides.

ALLIUM AFLATUNENSE
Ail décoratif. *Bulbe fleurissant de la fin du printemps au début de l'été. Inflorescences faciles à faire sécher.*

JAUNE ET LAVANDE
Les rhododendrons persistants ont un feuillage vigoureux et des fleurs ravissantes. Certains offrent même des boutons d'une couleur différente. Les larges inflorescences jaune pâle du rhododendron hybride Exbury 'Crest', ici en compagnie d'une azalée, se dégagent d'un bouton orange.

LIGUSTRUM OVALIFOLIUM
'AUREUM' Troène. *Arbuste persistant ou semi-persistant réclamant le plein soleil pour mieux panacher d'or son feuillage vert.*

FORSYTHIA x
INTERMEDIA
'SPECTABILIS'.
Arbuste à feuilles
caduques s'étalant
largement.

PERFECTION EN ROSE
Les cerisiers à fleurs sont parmi
les plus beaux. Ce Yoshino
Prunus x yedoensis déploie un
nuage délicatement parfumé de
fleurs rose glacé au-dessus de
narcisses naturalisés 'Fortune'.

TULIPA 'RENOWN'
Tulipe simple. Bulbe
tardif, de la fin du
printemps ou du tout
début de l'été, offrant
dans chaque fleur un
délicat contraste rouge
carmin et jaune crème.

SYMBOLES DU PRINTEMPS

O R, JAUNE, CRÈME ET BLANC : ces couleurs claires, harmonieuses et pures
signalent l'arrivée du printemps. Lorsque les arbres revêtent leurs
tendres feuilles d'un vert tilleul intense, elles posent sur toute la nature leur
éclat lumineux. Le bleu transparent du ciel, entrecoupé de petits
nuages, s'allie à cette explosion de couleurs, sur laquelle il déverse
sa lumière vivifiante.

POLYGONATUM COMMUTATUM
Sceau-de-Salomon. *Vivace
feuillue portant en petits bouquets
des clochettes blanches inclinées
avec modestie.*

TULIPA 'OSTARA'
Tulipe double tardive.
*Bulbe à fleur de pivoine
fleurissant en fin de
printemps.*

TULIPA
'GOLDEN
APELDOORN'
Tulipe Darwin.
*Bulbe donnant
de grandes fleurs
simples, du
milieu à la fin
du printemps.*

HARMONIE DE COULEURS

Le grand soleil de printemps éclate dans ce mélange qui associe les riches nuances jaunes translucides des tulipes simples 'Golden Apeldoorn' et doubles 'Ostara' au sceau-de-Salomon et aux jeunes feuilles vert pâle lumineux d'*Euphorbia polychroma*. Le genêt offre ses gais épis dorés et apporte son parfum de miel.

CYTISUS x PRAECOX 'ALLGOLD'
Genêt commun. *Buisson à feuilles caduques d'un vert très pâle s'épanouissant en une masse de fleurs dorées à la fin du printemps.* •

• EUPHORBIA POLYCHROMA
Euphorbe. *Vivace buissonnante au frais feuillage jaune-vert. La floraison jaune apparaît au printemps et dure longtemps.*

HERBE FLEURIE
Les narcisses or et blanc 'Fortune' et 'Kilworth' s'inclinent à l'avant d'une cascade de Forsythia x intermedia. *F. suspensa est moins éclatant. Ces narcisses se naturalisent bien dans l'herbe, mais attendez que le feuillage soit fané pour tondre.*

PLANTE POUR TERRAINS HUMIDES
Lysichitum camtschatcense *est le nom barbare de cette belle vivace qui se plaît dans les lieux humides, voire les pieds dans l'eau. Ses grandes spathes jaune lavé de crème surgissent au printemps, avant les feuilles d'un vert généreux.*

◀ PLANTES COUVRE-SOL
L'Anemone blanda *est ravissante ici,
toute blanche et blottie au pied d'un
bouquet de narcisses bas 'Jack
Snipe'. Plantez les anémones dans un endroit
où elles ne gêneront pas, car elles peuvent
se montrer très envahissantes.*

ACCUEIL CHALEUREUX ▶
*Les vibrantes couleurs printanières sont
toujours un merveilleux spectacle. Dans
cette association classique de bleu azur,
vert émeraude, doré et orange foncé, la
lumière paraît danser parmi les narcisses
'Ambergate', qui marquent le début du
printemps.*

FRAICHE ASSOCIATION ▲
*Dans cette association typiquement printanière par sa fraîcheur
délicate et simple, les feuilles veinées d'argent et les pétales
joliment ourlés d'*Erythronium *'White Beauty' s'appuient contre
le persistant panaché* Euonymus fortunei *'Emerald and Gold'.*

DANS UN VALLON BOISÉ ▲
L'azalée jaune Rhododendron luteum *brille d'un superbe éclat
au milieu du feuillage vert tendre des arbres traversé par les
premiers rayons du soleil. Ses fleurs, qui ressemblent à celles du
chèvrefeuille, sentent la cannelle et le clou de girofle.*

TEINTES CHAUDES

HELLEBORUS ET NARCISSUS

LES ASSOCIATIONS de couleurs chaudes du cercle chromatique ont toujours beaucoup de succès. Mais plus encore que les couleurs elles-mêmes – jaune, orange, rouge et pourpre –, ce sont leurs subtils dégradés qui enchantent ; parmi eux, pêche et crème, abricot et rose glacé, prune et or produisent un effet extraordinaire, insolite sans être jamais choquant. Ainsi, les hellébores tachetées de rose foncé et les jonquilles *(à gauche)* se marient merveilleusement. Quel que soit le temps, ces gammes de couleur créent un décor gai et particulièrement chaleureux.

HARMONIE DE COULEURS

Ce mélange d'une merveilleuse douceur est composé de cinq plantes à bulbes et arbustes printaniers tardifs. Le brun chocolat des épis de la fritillaire se pare d'un rouge foncé translucide, repris en partie par le genêt bicolore et les bords roses des pétales de l'azalée. Les tulipes perroquet saumon, ondulées et frangées, apportent une note de couleur vive, et la *Spiraea japonica* 'Goldflame' couronne le tout de son superbe feuillage rouge orangé et or.

ÉCLAT DE SOLEIL
La fougère royale Osmunda regalis, qui peut atteindre 2 m, déroule ses grandes frondes sous le soleil éclatant. Derrière elle, les trompettes corail du Rhododendron 'May Day' éclairent de leur chaude lueur le feuillage vert foncé.

FRITILLARIA PERSICA 'ADIYAMAN' Fritillaire. Bulbe fleurissant toute la saison. Les tiges sont habillées d'étroites feuilles gris-vert.

TEINTES VARIÉES
Dans leur habitat humide favori, des Primula candelabra vivaces offrent une gamme de couleurs d'une grande variété. Des jaunes aux ors et de l'acajou au mauve en passant par les roses fanés, elles forment un massif gai et ensoleillé, mis en valeur par les rosettes de feuilles vert pâle.

RHODODENDRON
'CECILE' Azalée Knap Hill. *Petit arbuste à feuilles caduques. Grandes fleurs en forme de trompette à la fin du printemps.*

TULIPA 'SALMON PARROT' Tulipe perroquet. *Bulbe donnant des fleurs découpées et frangées à la fin du printemps.*

SPIRAEA JAPONICA 'GOLDFLAME'. *Arbuste dressé à feuilles caduques, dont les jeunes feuilles rouge orangé deviennent jaune vif, puis vertes.*

CYTISUS SCOPARIUS 'PALETTE' Genêt. *Arbuste à feuilles caduques portant, à la fin du printemps, sur des rameaux arqués, des fleurs semblables à celles des pois.*

TEINTES FRAICHES

WEIGELA FLORIDA. Arbuste à feuilles caduques. Pour lui conserver sa vigueur, taillez-le après la floraison.

LES SUPERBES NUANCES des teintes les plus fraîches conviennent particulièrement à cette époque de l'année. Dans ce délicat mélange de rose bleuté et lilas clairs, rose pastel, mauve, blanc, argenté et crème, chaque couleur s'associe aux autres pour créer une symphonie sereine et douce, avant que les chaleurs estivales fassent éclater des couleurs plus vibrantes. Vous passerez en douceur du printemps à l'été grâce à des plantes qui, comme de nombreux lilas et azalées, assurent la transition entre la fraîcheur printanière et la chaleureuse profusion estivale.

HARMONIE DE COULEURS

Les roses, d'une grande diversité, peuvent être à la fois toniques et reposants. Cette splendide association, qui unit des arbustes à la vivace bistorte, couvrira allègrement la fin du printemps et le début de l'été, permettant de passer en douceur d'une saison à l'autre. Les *Weigela* sont très généreux, et donc précieux au jardin : ils offrent souvent une seconde floraison au milieu de l'été.

ACCENTS TONIQUES
La texture laineuse des pompons de Bellis perennis 'Pomponnette' met en valeur leurs délicats tons de rose et de blanc, qui se marient avec les fleurs frangées magenta et les feuilles vert-bleu d'une tulipe tardive.

POLYGONUM
BISTORTA
'SUPERBUM'
Bistorte.
*Vivace qui
peut se révéler
envahissante.*

TENDRE HARMONIE
*Dans un petit jardin, on préfère
souvent les nuances pastel aux tons
vibrants, trop présents. Ici,
Rhododendron 'Sir Edmund'
se marie avec R. 'Lavender Girl'
avec délicatesse et élégance.*

SYRINGA 'ESTHER
STALEY' Lilas.
*Arbuste à feuilles
caduques. Les boutons
s'épanouissent en fleurs
parfumées, du milieu
du printemps au
début de l'été.*

RHODODENDRON
'PURPLE TRIUMPH'
*Hybride Vuyk azalea.
Arbuste persistant
préférant les situations
ombragées, abritées
des vents froids. Ses
grandes fleurs simples
s'épanouissent à la fin
du printemps.*

Blanc et Rouge

Contraste

Le rouge, la plus vive des couleurs, perd près du blanc un peu de son éclat, comme si une partie de sa flamme lui avait été retirée. Quant au blanc, il paraît encore plus pur en présence du rouge, primaire resplendissante qui accentue sa clarté. Dans un jardin, d'autres teintes, comme celles du feuillage, du sol et du ciel, s'interposent dans ce duo très simple, mais le principe reste le même : ainsi, la fleur rouge solitaire du lychnis (*à gauche*) fait paraître les marguerites d'autant plus éclatantes dans ce coin sauvage d'un jardin.

Harmonie de Couleurs

Blotties entre les tiges fleuries de l'oranger du Mexique au parfum de vanille et de l'élégante spirée, les fleurs rouge sombre pointillé de noir du rhododendron 'Wilgen's Ruby' ponctuent de leur éclat de braise les blancs crémeux et les verts. Dans ce contraste particulièrement vigoureux, chaque couleur met les autres en valeur.

Blanc Lumineux
Contre le rouge profond de Rhododendron *'Elizabeth' et son abondant feuillage vernissé vert océan,* R. *'Beauty of Littleworth' étale sa floraison blanche teintée de bleu. Plantez ces hybrides persistants sous l'ombre légère d'un arbre, mais pas à son pied.*

Choisya ternata
Oranger du Mexique.
Arbuste persistant qui fleurit au printemps et donne une seconde floraison si l'automne est doux.

CAMÉLIA ET NIVÉOLE
La nivéole Leucoium aestivum – au nom curieux pour un bulbe fleurissant au printemps – forme un premier plan éblouissant pour les belles branches retombantes de Camellia japonica 'Julia Drayton', chargées de grandes fleurs cramoisies en forme de rose ou classiquement doubles. Les deux plantes prospèrent en sol acide et situation ombragée.

RHODODENDRON 'WILGEN'S RUBY'.
Arbuste persistant fleurissant du milieu à la fin du printemps.

SPIRAEA 'ARGUTA'
Spirée. Arbuste touffu à feuilles caduques et petites fleurs blanches en bouquets.

◄ ALLIANCE ÉLÉGANTE

Un Magnolia salicifolia pose, *au milieu du printemps, un voile d'étoiles blanches sur le flou vaporeux d'une toile de fond boisée. L'éclat des fleurs cramoisies du rhododendron accentue sa fragilité.*

DÉLICAT CONTRASTE   ►

Blanc et rouge orangé produisent un effet plus délicat, encore intéressant mais un peu moins intense. Les grandes ombelles des Fritillaria imperialis *se détachent superbement contre* Narcissus *'Merlin', dont le cœur ondulé reprend la teinte des clochettes de la fritillaire.*

▼ VARIATION

Les narcisses permettent de nombreuses variantes sur le même thème. 'Sempre Avanti' *ponctue ce massif de touches blanches et abricot, qui atténuent le contraste entre le rouge cardinal de* Tulipa *'Ile de France' et le vert vif des feuilles et de l'herbe.*

L'Été

Avec ses ravissantes et multiples textures,
ses couleurs à la fois vives, douces
et délicates, ce massif chante un hymne
à la gloire de l'été. Aucune autre période
de l'année n'offre une telle profusion.

PALETTE DE L'ÉTÉ

L'été libère l'énergie des plantes, qui se déverse en un flot coloré où les jardiniers n'ont qu'à puiser au gré de leur fantaisie. Des mélanges somptueux éclatent contre les verts généreux, qui les rehaussent. Contrastes et harmonies chantent dans un chœur aux multiples voix : pianissimo blanc, crème, lilas et rose glacé ; allegro jaune, orange et or ensoleillés ; forte vibrant écarlate et vermillon. Et quand l'été décline, le chœur met une sourdine indigo et rouge lie-de-vin.

PROMESSES DE FÊTE
La pâle lumière du matin s'attarde sur les roses vaporeux du lilas et des inflorescences de l'allium, laissant dans l'ombre l'ancolie bleue. Une harmonie délicate émerge des verts du feuillage, ponctuée par la flèche sombre de l'if d'Irlande.

● Dans la palette de l'été, le BLEU glisse souvent vers la partie rouge du spectre. D'où une affinité toute particulière avec les roses et les pourpres pâles qui dominent en début de saison.

● Les généreux tons de JAUNE se parent d'une nouvelle profondeur, qui reflète la chaleur montante du soleil. Pendant toute la saison, ils s'harmonisent avec l'orange et les verts dorés, ou forment des contrastes vibrants avec le violet et les roses bleutés.

● L'ORANGE n'est jamais si frais ni si gai qu'en été, charmant compagnon du rouge et du jaune, avec lesquels il crée des effets chaleureux. Ajouté en petite quantité à du lilas pastel, du rose pâle et du vert tilleul, il les illumine de son éclat.

● Le ROSE est présent sous diverses formes. Les pivoines pastel précoces jettent leurs dernier feux, puis se fanent devant l'éclat des premiers chrysanthèmes. Tous les roses s'associent aux autres couleurs de la palette.

● Pendant l'été, le ROUGE fait entendre sa voix de velours. Lumineux et éclatant contre les verts du feuillage, il se ternit et perd sa force avec le violet et le bleu.

HARMONIE DE ROSES

CHARMANTS DIANTHUS BARBATUS

AVEC L'ÉTÉ APPARAÎT une profusion de fleurs dans des nuances situées entre le rouge et le pourpre sur le cercle chromatique. Les roses, en particulier, tiennent la vedette dans une pièce qui se joue toute la saison. Il est facile d'élaborer un superbe décor avec ces teintes voisines, du rouge primaire pur au rose fuchsia en passant par le rouge cerise, le frais rose glacé, le lilas et le mauve, l'œillet-de-poète (*à gauche*) offrant à lui seul toute cette palette. Une harmonie de couleurs est toujours très belle, créant une ambiance à la fois intéressante et paisible.

HARMONIE DE COULEURS

Un mélange de roses vifs généreux resplendira dans le soleil d'été. Tous ces roses sont composés de rouge teinté de bleu, de noir ou de blanc. Les textures jouent un rôle important et augmentent l'intérêt des plantations unicolores. Les ruchés veloutés de *Celosia* font écho aux pétales striés rose pâle des lavatères et aux pompons ondulés de *Gomphrena*.

ALLIANCES
Le rose bleuté et le mauve pâle des fleurs de la cinéraire s'harmonisent subtilement avec les feuilles sombres du noisetier Corylus maxima 'Purpurea'. Le feuillage délicatement dessiné et d'une très belle couleur complète joliment les gracieuses fleurs aux douces nuances.

GOMPHRENA GLOBOSA
Gomphrena. *Annuelle buissonnante à fleurs roses, pourpres, orange, jaunes ou blanches, du milieu à la fin de l'été.*

CHARME ÉPHÉMÈRE
Digitalis purpurea est une bisannuelle portant sur de longs épis des clochettes roses ou blanches au cœur pointillé de sombre. En coupant les fleurs fanées, vous favoriserez une seconde floraison, toutefois moins généreuse.

CELOSIA ARGENTEA VAR. CRISTATA *Célosie crête-de-coq. Vivace dressée, à cultiver en annuelle et fleurissant en fin d'été. Nombreuses formes naines.*

LAVATERA TRIMESTRIS 'SILVER CUP' *Lavatère. Annuelle dressée et ramifiée, fleurissant tout l'été et une partie de l'automne.*

PLANTATIONS EN BORDURE ▶
La valériane Centranthus ruber *pousse dans les endroits les plus insolites, les fissures inhospitalières des dalles ou des murs en pierre étant ses préférés. Ici, une profusion de fleurs roses et rouge brique illumine une plate-bande.*

◀ DUO EN SOLITAIRE
Primula vialii *crée sa propre harmonie de couleurs avec ses boutons d'un rouge vif et leur collerette de fins pétales mauves. Près de l'eau (cette plante aime les sols humides), dressés parmi leurs feuilles vert pâle, les épis coniques sont superbes.*

▼ ASSOCIATION TONIQUE
Le vermillon intense du Lychnis coeli-rosa 'Fire-King' *forme un accord très audacieux avec la floraison pourpre de* Verbena venosa. *Le souci* Dimorphotheca pluvialis *ponctue le massif coloré de petites taches blanches.*

◀ MÉLODIE EN DEUX TONS

Les beaux épis des lupins ont un impact immédiat, à la fois par leur texture et par leurs couleurs. Avec leurs nuances allant du jaune à l'orange, du lilas au bleu, en passant par le rouge et le rose, les hybrides de Russel bicolores sont particulièrement superbes.

▼ SYMPHONIE EN ROSE ET BLEU

Les roses nuancés de bleu s'harmonisent particulièrement bien avec les tons lilas. Ici, la coloration délicate d'Echium vulgare se reflète dans le rose bleuté des Cosmos bipinnatus, accentué par leur cœur jaune. Les rosettes des clarkias aux pétales ourlés et le fin feuillage du cosmos rehaussent l'ensemble.

▲ HYMNE À LA COULEUR
Difficile de trouver plus belle harmonie que cette association de Nepeta x faassenii mauve *et de Rosa mundi (Rosa gallica 'Versicolor'), dont la superbe floraison cramoisi strié de blanc se mélange, au cœur de l'été avec Rosa 'Mrs Anthony Waterer' qui fleurit pendant toute la saison.*

◄ COULEURS PROCHES
Association de couleurs proches, bien étudiée mais cependant naturelle. Les bouquets rose cendré tirant vers le bleu de Phuopsis stylosa réveillent les tons plus feutrés du Nepeta lavande 'Six Hills Giant', de l'Allium christophii pourpre rosé et de l'œillet-de-poète Dianthus barbatus rouge-brun foncé.

AMBIANCE CHAMPÊTRE

Décontracté et simple, le petit jardin campagnard, autrefois réservé aux légumes, aux herbes et aux fruits, s'est agrémenté, au cours des siècles, de plantes et d'arbustes décoratifs. Aujourd'hui, les carrés d'herbes aromatiques s'égaient d'espèces colorées, les plants de légumes voisinent avec quelques spécimens à la texture intéressante et la délicate floraison des arbres fruitiers fait écho au feuillage des espèces ornementales. Pour créer un cadre naturel, jouez sur la profusion, qui donnera une impression de totale spontanéité.

ALCHEMILLA MOLLIS
Alchémille. *Vivace fleurissant en milieu d'été. Les jeunes feuilles non traitées se mangent en salade.*

CARTHAMUS TINCTORIUS
Carthame. *Annuelle aux feuilles piquantes. Ses graines donnent une huile riche en acides gras essentiels.*

MONARDA DIDYMA 'BLUE STOCKING'
Monarde. *Vivace d'été à fleurs et feuilles parfumées.*

HARMONIE DE COULEURS

Ce foisonnement coloré d'orange doré, de roses et de jaunes recrée l'atmosphère typique du jardin campagnard. Monarde, carthame, alchémille, statice, pied-d'alouette, la profusion de leurs teintes douces et la variété de leurs textures permettent d'obtenir l'ambiance recherchée.

CONSOLIDA AMBIGUA 'ROSAMUND' Pied-d'alouette. Grande annuelle aux nombreux cultivars dans les tons de bleu,
● *blanc et rose.*

SAVANTE ABONDANCE
Avec le contraste intense des violets et des bleus, ce foisonnement de leucanthèmes blancs, d'épis de sauge pourpre, d'alstroemères Ligtu-hybrids orange vif et d'œnothères jaunes égaie de son optimisme le jour le plus sombre.

● *LIMONIUM SINUATUM 'GOLDCREST' Statice. Vivace traitée en annuelle. Les fleurs de fin d'été, également blanches, bleues, roses ou pourpres, sont superbes séchées.*

COMPOSITION PAISIBLE
Ces tons feutrés évoquent l'atmosphère paisible du jardin campagnard et s'harmonisent avec les volets lavés de rose de cette charmante maison revêtue de bardeaux. Nepeta x faassenii *pourpre et* Reseda lutea *montent à l'assaut de* Rosa 'Little White Pet' *tandis que* Lavatera olbia 'Rosea' *cache à demi la fenêtre.*

71

◀ CASCADE FLEURIE

Au pied d'un muret de pierres sèches, une cascade de plantes (dont les valérianes, verbascums et marguerites) offre le côté naturel d'un jardin campagnard, merveilleux mélange au charme désuet qui, chaque année, apporte une surprise différente.

▼ VIBRANTE PALETTE

Le charme du jardin campagnard est en grande partie produit par l'abondance des couleurs et des textures. Ici, les coquelicots rouges et corail se glissent parmi les campanules violettes, les Sisyrinchium striatum jaunes et les Chrysanthemum frutescens 'Pink Australian' – espèce de marguerite assez récente.

▲ HABILE ASSOCIATION

Moins débridé, ce mélange fleuri évoque la même atmosphère, avec sa palette raffinée de pêche, d'orange et de blanc. Les roses sont un élément important, en buisson ou grimpant sur les murs, les arceaux et les arbres. Les éphémères hémérocalles et les roses 'Elizabeth Harkness' parfumeront l'air pendant des mois.

SEMIS NATUREL ▶

Le coquelicot champêtre annuel Papaver rhoeas var. Shirley offre des corolles simples ou doubles blanches, rose glacé, corail ou rouge vif. Laissez cette délicate plante se ressemer seule, ici au milieu de Gladiolus communis subsp. byzantinus et de la vesce pourpre.

EMBRASEMENT VESPÉRAL

QUAND LE SOLEIL décline dans le ciel, les couleurs reflètent une lumière différente. Les rouges veloutés et leur dégradé de nuances se mettent à briller d'une
chaude clarté. Pour mieux profiter de ce cadeau quotidien, vous pouvez animer de
cramoisi, d'écarlate, de corail et de rouges intenses les massifs voisins d'une terrasse
ou d'un espace de détente. Et pour créer de superbes effets sur les endroits dallés,
cultivez les nombreuses annuelles offrant cette gamme de couleurs chaleureuses dans
des pots faciles à déplacer.

MONARDA DIDYMA
'CAMBRIDGE SCARLET'.
Monarde. *Vivace en
bouquets, aux feuilles
aromatiques à nervures
très marquées. Les
belles fleurs rouges
apparaissent du milieu
à la fin de l'été.*

HARMONIE DE COULEURS

Cette association de monarde vivace, de rosiers buissons de
deux espèces différentes et de mufliers annuels crée un quatuor rutilant de myriades de rouges. Les roses, choisies avec
soin, offrent longtemps leurs superbes coloris. En y ajoutant
d'autres plantes aux couleurs et textures intéressantes, vous
aurez pendant des mois un décor enchanteur.

ROSE ARDENTE
*Dans l'ombre grandissante, la bien nommée rose 'Living Fire'
(« Feu ardent ») paraît s'embraser contre le sombre feuillage.
Mettez-la en valeur en la plaçant à l'avant d'un massif et der-
rière un écran violet-bleu – ici de la lavande 'Grappenhall'.*

JEU D'OMBRE ET DE LUMIÈRE
Que la lumière soit vive ou feutrée, les fleurs saumon et rose carminé du rosier grimpant 'Aloha' offrent un merveilleux panaché de couleurs. L'alysse odorant Lobularia maritima fait écho à leur délicieux parfum et fleurit tout l'été.

ANTIRRHINUM MAJUS VAR. PRINCESS
Muflier. *Vivace traitée en annuelle, aux fleurs bicolores du début du printemps à l'automne.*

ROSA 'NATIONAL TRUST'
Hybride de thé. *Rosier buisson, donnant une masse de fleurs doubles de l'été à l'automne.*

ROSA 'NORWICH CASTLE'
Floribunda. *Rosier buisson, dont la teinte passe de l'orange cuivré à l'abricot.*

◀ AU DÉCLIN DU JOUR
Dressées au milieu d'un océan de feuillage découpé, les fleurs écarlates de Papaver orientalis *'Allegro Viva' flamboient dans le soleil couchant.* Lobelia cardinalis *brillerait d'une semblable flamme et offrirait, en prime, ses splendides feuilles pourpres en forme de lance.*

ÉCLAT CHALEUREUX ▶
Sous les vifs rayons du soleil, le rose chaleureux et presque fluorescent du phlox 'Sir John Salmon' ne passe pas inaperçu. Le verbascum *se dresse contre les chardons géants, et le* phlomis *persistant étincelle au premier plan.*

▲ POURPRE BAIGNÉ DE LUMIÈRE
Les fleurs flamboyantes du Lychnis chalcedonica *se marient bien avec les tiges élégantes de la sauge violette* Salvia x sylvestris, *qui, sans elles, paraîtraient presque trop sombres. La rose rouge foncé 'The Herbalist' conviendrait également.*

▲ PROFUSION ÉCLATANTE
Cette bordure se détache gaiement contre les ombres du Cotinus coggyria *'Foliis Purpureis', le manque de lumière n'étant pas un obstacle. Tabac, verveine, mufliers, penstemons, dahlias et amarantes rivalisent pour attirer le regard.*

DOUCES PERSPECTIVES

ALLIUM, AQUILEGIA, NEPETA

Les nuances douces et les textures délicates des fleurs et du feuillage s'allient avec bonheur quand il s'agit de créer un décor ouvrant sur une vue, quelle qu'elle soit : allée, perspective sur des champs ou la mer, sur une vallée ou, tout simplement, la nature sauvage ; vous devez éprouver devant le paysage ce bien-être alangui des après-midi paresseux de l'été. A gauche, les inflorescences plumeuses de l'ail d'ornement se dressent au-dessus de la tête penchée des ancolies, s'estompent dans le filigrane du népéta et s'appuient sur la haie vert sombre. L'ensemble se fond harmonieusement en une mélodie paisible sur trois notes.

HARMONIE DE COULEURS

Épis et plumets aux teintes douces évoquent, par leurs formes, une douce et paisible atmosphère. Asclépias, nigelles de Damas au feuillage délicat, fleurs de dentelle de l'aneth aromatique, rose floribunda 'Ainsley Dickson' et delphinium 'Loch Leven' allient ici leurs ors tendres, roses feutrés, bleus cendrés et crème avec le vert mat du feuillage, en une jolie composition.

INVITATION À LA DÉTENTE
Avançant sur une allée dallée, cette large bordure se prolonge dans le brouillard rose d'un tamaris. Cotinus, grands chardons et roses 'The Fairy' se marient à Phlomis fruticosa, à l'artémise et au phlox.

ASCLEPIAS INCARNATA
Asclépias. *Tubéreuse vivace, dont la tige laisse couler une sève laiteuse.*

NIGELLA DAMASCENA
'MISS JEKYLL' *Nigelle de Damas. Annuelle d'été à croissance rapide. Des capsules de graines décoratives succèdent aux fleurs.*

PAYSAGE VALLONNÉ
*De chaleureuses couleurs suivies de teintes plus
claires forment une perspective étagée ouvrant sur
les champs. Pour ce décor de roses, choisissez des
variétés arbustives assez hautes, certaines en buissons arrondis et d'autres plus dressées, donnant
une impression de relief. Entre les roses, des arté-
mises et des lavandes basses cachent leurs tiges et
attirent les abeilles.*

ANETHUM GRAVEOLENS
Aneth. *Herbe annuelle
aux fleurs, feuilles et
graines comestibles.*

ROSA 'AINSLEY
DICKSON' Floribunda.
*Rosier vigoureux
fleuri de l'été
à l'automne.*

DELPHINIUM
'LOCH LEVEN'.
*Vivace aux épis
atteignant 1 m.*

▲ OASIS DE PAIX

*Le désordre organisé de cette oasis enso-
leillée donne une impression d'espace vaporeux. Le feuillage aromatique s'étalant
sous les ancolies élancées roses et violettes
embaume sous les pas. L'iris violet et la
vigoureuse Euphorbia characias attirent
le regard vers la haie sombre.*

BALLET COLORÉ ▶

*Les épis des lupins aux couleurs vives
émergent d'un tapis de feuillage et
d'herbes. Les lupins hybrides de Russel,
qui nécessitent un sol perméable mais pas
trop riche, offrent ici leurs plus belles
couleurs.*

◀ VUE SUR LA MER

*Pélargoniums variés, marguerites bleues
Felicia amelloides à longue floraison,
gracieux lis de la madone, pavots et gaza-
nias accompagnent le promeneur qui descend vers la mer, formant un tableau incomparable de plantes annuelles.*

FÉERIE EN BLEU

PAVOT BLEU INTENSE

L E BLEU EST, sans doute, la couleur la plus insolite dans un jardin. Il existe peu de fleurs franchement bleues (ce qui explique peut-être leur place de choix) ; la plupart des espèces dites bleues sont, en fait, bleu-violet ou bleu lavande. En revanche, *Meconopsis betonicifolia (à gauche)* offre un bleu pur remarquable. Issu de la moitié froide du cercle chromatique et traditionnellement associé à la spiritualité, le bleu évoque la paix intérieure. Ravissant avec du rose, du crème, du jaune citron ou de l'argent, il devient terne et plat associé au rouge et au violet.

HARMONIE DE COULEURS

L'absence de bleu franc n'altère pas la féerie de ce quatuor de plantes. A droite, le chardon bleu des Alpes *Eryngium alpinum* offre ses bractées bleu argenté qui se reflètent dans le cœur blanc du delphinium 'Blue Nile'. Au centre et à gauche, agapanthes et bleuets ajoutent leurs nuances bleu-mauve.

Centaurea cyanus Bleuet.
Annuelle poussant rapidement,
à fleurs rouges, roses, violettes,
blanches ou bleues pendant
tout l'été et jusqu'au
début de l'automne.

MASSIF D'AZUR
Dans une terre neutre ou calcaire, les fleurs plates de l'Hy-
drangea macrophylla 'Blue Wave' seront lilas ou roses. Seuls
les sols acides permettent une telle profusion de bleu pur, dès le
milieu de l'été et pendant une longue période.

ÉPIS MAJESTUEUX
Les delphiniums règnent en maîtres avec leur riche variété de bleu. Ici, la lumière venant de l'arrière donne une superbe profondeur au bleu lavé de pourpre du delphinium 'Fenella'.

DELPHINIUM ELATUM 'BLUE NILE'. *Vivace dont les hampes à fleurs demi-doubles peuvent atteindre 70 cm.*

AGAPANTHUS CAMPANULATUS. *Vivace à fleurs groupées en ombelles sur de fortes tiges dressées.*

ERYNGIUM ALPINUM *Chardon bleu des Alpes. Vivace à feuillage très découpé, portant en été des fleurs coniques entourées de très belles bractées plumeuses bleu argenté.*

◄ ESCALIER FLEURI

Dans les fentes des marches en pierre, la Veronica prostrata *bleu porcelaine et la* Campanula garganica *lavande pâle, véritables cadeaux de la nature, se ressèment en un tapis fleuri féerique.* Alchemilla mollis *anime de son vert mousseux la scène qui, sans elle, manquerait de relief.*

JEUX DE LUMIÈRE ►

*La verte toile de fond des feuilles luxuriantes rayées de crème d'*Iris laevigata *'Variegata' met en relief leur ravissant bleu lavande. Ces iris japonais aux larges fleurs étalées refleurissent souvent en début d'automne.*

▲ ANTITHÈSE

La rose 'Paul Shirville' rose abricot réchauffe le bleu de Nigella damascena. *On obtiendrait le même effet avec* Hemerocallis *'Prairie Sunset', hémérocalle au doux parfum, associée à* Consolida ambigua *'Blue Spire'.*

▲ DÉCOR GRAPHIQUE

Les fleurs coniques et les bractées argentées du chardon bleu Eryngium x oliverianum *composent une sculpture bleu acier étonnante. L'effet est accentué par son feuillage découpé et par celui, panaché, du lin de Nouvelle-Zélande.*

TEINTES FEUTRÉES

AU CŒUR DE L'ÉTÉ, la lumière vaporeuse et rafraîchissante de l'aube semble chargée d'espérance. C'est une heure enchantée, où les couleurs les plus vibrantes paraissent s'atténuer, se diluant dans une atmosphère douce et comme ouatée. Recréez cette ambiance particulière à toute heure et par tous les temps, en puisant dans une palette restreinte de roses, lilas, mauves, pourpres et gris argentés. Cette gamme de couleurs délicates sera complétée par des textures délicates, qui participeront à l'impression de sérénité.

PHLOX PANICULATA 'SKYLIGHT'. Vivace dressée fleurissant en fin d'été, dans un sol riche et frais, mais bien drainé.

HARMONIE DE COULEURS

Dans l'étouffante chaleur estivale, ce choix de plantes animera le paysage d'une brise rafraîchissante. Pétales ourlés et épis plumeux forment un contrepoint idéal à la symphonie des mauve profond, lavande discret, rose chaud et vert argenté des phlox, *Lavandula angustifolia* 'Hidcote', *Dianthus* 'Doris' et santoline persistante.

SALUTATION AU SOLEIL
Adossé aux fleurs pourpres d'Echinacea purpurea 'Robert Bloom', Perovskia atriplicifolia lance vers le ciel son feuillage argenté au parfum de sauge et ses épis bleu-gris, comme des rubans de brume légère. Ce sous-arbrisseau poursuivra sa floraison jusqu'à mi-automne.

COMPOSITION EN ROSE ET MAUVE
*Un massif mauve de Geranium 'Johnson's Blue'
s'étale harmonieusement derrière un bouquet
d'élégants œillets roses Dianthus 'Little Jock',
au parfum poivré. Les feuilles pointues gris
argenté des œillets et le sol dallé
soulignent la composition.*

LAVANDULA ANGUSTIFOLIA
'HIDCOTE' Lavande.
*Buisson persistant formant
une touffe dense, couverte
de fleurs du milieu à la fin
● de l'été.*

DIANTHUS 'DORIS'
Œillet. *Vivace
compacte aux fleurs
abondantes et très
parfumées, donnant
● de beaux bouquets.*

SANTOLINA CHAMAECYPARISSUS
Santoline. *Arbrisseau persistant
au feuillage aromatique et aux
fleurs jaune vif épanouies du
● milieu à la fin d'été.*

◀ ENTRELACS

Le rose quartz de l'astilbe Filipendula ru-bra, *le bleu acier de* Campanula lacti-flora *et les larges feuilles bronze du plan-tain* Plantago major *'Rubrifolia' s'unissent en un décor léger.*

LUMIÈRE IMPALPABLE ▶

Un ail ornemental dresse fièrement ses pompons gris-violet sur le brouillard de l'artichaut Cynara scolymus. *Les épis lai-neux roses de l'arbuste* Spiraea tomen-tosa *gardent jusqu'à l'hiver leurs fleurs brunes desséchées.*

▼ COMPAGNONS INSOLITES

Association de formes insolites mais très belles, Lavatera trimestris *'Pink Beauty', aux fleurs élégamment ourlées, côtoie les fleurs allongées et les bractées blanc-vert du chardon* Eryngium giganteum.

SÉRÉNITÉ DU BLANC

L E BLANC, couleur de la lumière, a toujours été un symbole de pureté et d'innocence. Il revêt une élégance extrêmement raffinée qui explique la mode des jardins entièrement blancs. Contre la somptueuse diversité des feuillages verts, il se détache avec netteté. Par les chaudes journées d'été, les fleurs blanches, à la pureté rafraîchissante, atténuent l'éclat du soleil, tandis qu'à l'ombre elles dégagent une impression d'harmonieuse sérénité. Un seul petit massif blanc suffit à illuminer le jardin tout entier. Et un doux parfum ajoute encore au charme de nombreuses fleurs blanches.

MYRTUS LUMA Myrte.
Arbuste persistant, en
fleur du milieu à la fin
de l'été.

HARMONIE DE COULEURS

Les fleurs blanches sont mises en valeur par la gamme des verts. Le vert foncé les fait paraître plus virginales encore, et le feuillage doré leur donne une note chaleureuse. Associez diverses formes, mêlant les petites fleurs rondes aux larges pétales, les sphères aux épis. Ici, *Myrtus luma*, myrte aromatique, côtoie une lavatère, un *Ammi visnaga* et un phlox extrêmement parfumé.

ÉPHÉMÈRE MAIS SI PARFUMÉ
Philadelphus 'Belle Étoile' – hélas adoré des pucerons ! – offre
une profusion de fleurs très parfumées, qui se détachent, en
début d'été, sur le jeune feuillage vert tendre. Ici, le vert doré et
bleuté des arbres accentue encore sa beauté.

DUO DE CHARME
Nigella damascena 'Persian Jewels' offre une
floraison bleue ou rose, outre le blanc étincelant
si merveilleusement associé, ici, à l'armoise
argentée. La julienne des dames, Hesperis
matronalis, et le Geranium clarkei 'Kashmir
White' conviendraient également.

LAVATERA TRIMESTRIS
'MONT BLANC'
Lavatère. Annuelle
ramifiée à floraison
abondante de l'été au
● début de l'automne.

AMMI VISNAGA Khella.
Annuelle se ressemant
spontanément. Fleurs
épanouies du milieu à
la fin de l'été ; feuillage
● aromatique.

PHLOX PANICULATA
'FUJIYAMA'. Vivace herba-
cée, connue aussi sous
le nom de 'Mount
Fuji' et fleurissant
en fin d'été.

BLANC IMMACULÉ ▶
Rosa 'Wedding Day', qui recouvre une
gloriette en ferronnerie, voisine avec des
Lychnis coronaria 'Alba', des trades-
cantias et des cistes. De majestueux delphiniums se dressent à l'arrière-plan.

◀ TREILLAGE FLEURI
Les fleurs de Crambe cordifolia (sorte
de gypsophile géant) jaillissent au-dessus
d'un massif d'hostas. Elles accompagne-
raient joliment des roses blanches, en particulier 'Boule-de-neige', de race Bour-
bon, et le rugosa 'Schneezwerg'.

▼ SPECTACLE DE FRAICHEUR
Osteospermum 'Whirligig', Helichrysum petiolare à feuilles dorées, Lilium
longiflorum et Nicotiana alata 'Lime
Green' sont ici plantés en pots, encadrés
par les vrilles du pois de senteur.

JAUNES VIBRANTS

CLAIR ET LUMINEUX, le jaune évoque la gaieté et l'amour de la vie. A cette époque de l'année, il joue, en compagnie de ses couleurs voisines – doré, orange pâle et vert tilleul –, un rôle audacieux, reflétant l'éclat du soleil dans toute sa splendeur ou triomphant quand le ciel se voile. Associez fleurs jaunes et feuillage doré pour composer des duos toniques qui sans aucun doute égayeront les humeurs les plus sombres.

HARMONIE DE COULEURS

Cette superbe association de doré et de jaune est parfaite pour une exposition ensoleillée. En jouant sur la juxtaposition de jaunes très proches, on crée des compositions subtiles, aux chaleureuses vibrations. Le feuillage panaché du troène se mêle ici aux roses floribunda, aux fleurs d'or de l'achillée aromatique, aux chardons jaunes plumeux et aux épis de la lysimaque.

LIGUSTRUM OVALIFOLIUM 'AUREUM' Troène panaché. *Arbuste semipersistant réclamant une situation ensoleillée pour rester panaché.*

SPLENDEUR DORÉE
Les épis géants de la molène Verbascum bombyciferum émergent du feuillage persistant gris argenté pour se détacher, grandioses, sur le vert émeraude d'une haie. Hemerocallis 'Golden Orchid', au premier plan, ajoute sa note chaleureuse.

ILE BLANCHE DANS UN OCÉAN D'OR
Le Crambe cordifolia *blanc et le feuillage
argenté de l'artichaut émergent d'un océan doré
et jaune citron d'achillée* Achillea 'Coronation
Gold' *et de* Phlomis fruticosa.

ROSA 'HARVEST FAYRE'
Floribunda. *Rosier buisson
fleurissant du milieu de l'été
à l'automne.*

ACHILLEA FILIPENDULINA
'GOLD PLATE'
Achillée.
*Haute vivace pouvant
atteindre 1,20 m et plus.*

CENTAUREA
MACROCEPHALA
Chardon jaune.
Vivace en bouquets.

LYSIMACHIA VULGARIS
Lysimaque jaune. *Vivace
souvent envahissante,
aux épis fleuris pendant
tout l'été.*

VARIATIONS EN JAUNE

LE JAUNE SE MARIE facilement à la plupart des autres couleurs, mais il n'est jamais plus vibrant qu'avec le violet, sa complémentaire sur le cercle chromatique. Il forme une très belle alliance avec ses proches voisins, le rouge et l'orange, ainsi qu'avec le vert. Associé au blanc, il lui emprunte sa pureté éthérée, tandis que, près du bleu, il est d'une grande élégance. Et bien que l'union du rose et du jaune soit souvent bannie des jardins, elle constitue pourtant, au goût de certains, un duo harmonieux et chaleureux.

ASCLEPIAS TUBEROSA. *Vivace vigoureuse à racine pivotante. De grandes capsules de graines succèdent aux fleurs.*

HELIANTHUS ANNUUS 'TAIYO' Soleil, tournesol. *Annuelle dressée et feuillue à croissance rapide pouvant atteindre 1,20 m.*

HARMONIE DE COULEURS

L'association de l'orange vif, de l'or sombre, du crème et du rose lustré est particulièrement réussie. Les trois premières couleurs sont empruntées à la moitié chaude du cercle chromatique et se marient merveilleusement bien. Reflétant leurs douces nuances, avec ses tons pêche très pâles, le rose (également une couleur chaude) donne une touche d'originalité à l'ensemble sans apporter de note discordante.

CHELONE OBLIQUA.
Vivace réclamant la
mi-ombre et un sol frais,
fleurissant en milieu ou fin
d'été jusqu'à l'automne.

ROSA 'MCGREDY'S YELLOW'
Hybride de thé. *Petit arbuste*
à fleurs doubles parfumées
et à longue floraison
continue. A planter
en massif.

EXUBÉRANCE DES COULEURS

Les digitales blanches contre le vert sombre forment une douce toile de fond pour ce massif coloré. Les Hemerocallis lilio-asphodelus jaune vif sont splendides aux côtés des ligulaires vert brillant, des Primula 'Inverewe' orange et du Myosotis caespitosa bleu.

MARIAGE AUDACIEUX

Les tons somptueux des glaïeuls rouge violacé et de l'erysimum lilas sombre forment un duo complice que vient interrompre le jaune éclatant de la molène. Les associations de coloris parfois discordants ont été soigneusement étudiées, afin qu'une petite quantité de jaune rehausse l'éclat des couleurs qui l'entourent.

◄ OPPOSITION ET ÉQUILIBRE

Dans ce massif original mariant des couleurs froides et chaudes, le bleu violacé de l'agapanthe et des campanules met en valeur les orange et jaunes complémentaires. Sans ce contraste, l'ensemble présenterait moins de relief.

ROSE ET OR ►

Genêt d'Espagne doré et sidalcée rose bleuté forment un duo tonique sur un généreux fond vert sombre. Le feuillage argenté et les pavots d'un pâle ton de pêche accentuent le relief de la scène.

SCINTILLEMENT ▼

Une robuste touffe de coreopsis jaune vif forme une flaque lumineuse près des tiges argentées et échevelées du lychnis carminé. Même à l'ombre ou par les journées maussades, leurs couleurs brillent.

CONTRASTES EN VIOLET

CHARMANT CONTRASTE

L E VIOLET, qui figure parmi les teintes les plus riches, est depuis longtemps un symbole de haute position sociale, de fonctions importantes. Complémentaire du violet dans le cercle chromatique, la gamme des jaunes (étoiles brillantes du spectre) est d'une vibrante luminosité ; l'association des deux couleurs produit un véritable feu d'artifice. Ces contrastes violents sont à utiliser avec parcimonie. Ainsi, un grand massif d'*Euphorbia polychroma* et de *Geranium psilostemon* magenta foncé *(à gauche)* serait trop agressif dans un jardin de petite taille.

HARMONIE DE COULEURS

Les violets chauds ou froids se mêlent aux jaunes profonds ou clairs en une somptueuse harmonie, parfaite pour une bordure estivale. *Gladiolus* 'Golden Standard' *(à droite)* se détache contre le violet du pied-d'alouette, avide de lumière. L'alstroemère et le statice *(à gauche)* offrent un contraste moins violent.

LIMONIUM
SINUATUM
Statice. *Vivace à port étalé traitée en annuelle, fleurissant en été et en début d'automne.*

SYMBIOSE
*Les fleurs violet tendre d'*Allium christophii *et le radieux* Chrysanthemum segetum *'Golden Gem', avec son feuillage émeraude, réussissent une parfaite symbiose, l'or animant le pourpre, qui, à son tour, lui confère davantage d'éclat.*

DUEL DE CHARME
Le jaune généreux des fleurs de Mimulus luteus,
semblables à des petits mufliers, rivalise avec le
pourpre intense de Nepeta x faassenii. La variété
des textures permet d'alléger cette association.

GLADIOLUS 'GOLDEN
STANDARD'. Hybride
bulbeux, en fleur du milieu
de l'été au début de
● l'automne.

CONSOLIDA AMBIGUA VAR.
IMPERIAL Pied-d'alouette.
Annuelle résistante, aux
longs épis fleuris pouvant
● atteindre 1,20 m.

ALSTROEMERIA HYBRIDE
LIGTU Alstroemère du
Pérou. Tubéreuse vivace qui
● n'aime pas être dérangée.

MAJESTÉ DES POURPRES

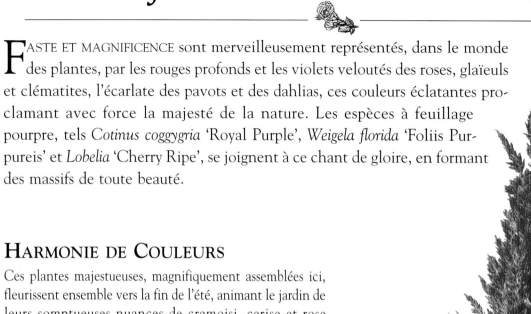

FASTE ET MAGNIFICENCE sont merveilleusement représentés, dans le monde des plantes, par les rouges profonds et les violets veloutés des roses, glaïeuls et clématites, l'écarlate des pavots et des dahlias, ces couleurs éclatantes proclamant avec force la majesté de la nature. Les espèces à feuillage pourpre, tels *Cotinus coggygria* 'Royal Purple', *Weigela florida* 'Foliis Purpureis' et *Lobelia* 'Cherry Ripe', se joignent à ce chant de gloire, en formant des massifs de toute beauté.

CELOSIA ARGENTEA 'PLUMOSA' Célosie crête-de-coq. Annuelle fleurissant en fin d'été, recommandée pour les • bordures et les pots.

HARMONIE DE COULEURS

Ces plantes majestueuses, magnifiquement assemblées ici, fleurissent ensemble vers la fin de l'été, animant le jardin de leurs somptueuses nuances de cramoisi, cerise et rose pourpre. Les rosiers, à floraison plus précoce, doivent être régulièrement débarrassés de leurs fleurs fanées et nourris d'engrais spécifique pour assurer une bonne remontée.

FÉERIE DU ROUGE
Le pavot d'Orient écarlate Papaver orientalis *offre certainement l'un des rouges les plus beaux. Les délicats pétales ondulés tachés de bordeaux à la base se dressent au-dessus d'une rosette de feuilles vertes, avant de faire place à des capsules gris argenté. Au premier plan, la bourrache* Borago officinalis.

POURPRE ROYALE
Les fleurs de cette superbe clématite pourpre 'Maureen' se mêlent aux corolles du rosier grimpant 'Pink Perpetue'. Les deux espèces offrent une profusion de fleurs du début au milieu de l'été, avec une remontée tardive.

LIATRIS SPICATA.
Vivace offrant de longs épis de fleurs denses en fin d'été.

GLADIOLUS 'JO WAGENAAR'.
Hybride à grandes fleurs veloutées du milieu à la fin de l'été.

ROSA 'ROUNDELAY' Rosier. Fleurs s'ouvrant largement, au parfum intense, du début de l'été à l'automne.

◄ ÉLÉGANTE COMPOSITION

*Ses larges feuilles luisantes vert bleuté
éclairent les fleurs de 'L.D. Braithwaite',
récente rose anglaise aux nombreux pétales d'un vif cramoisi.* Geranium psilostemon, *avec ses fleurs magenta à
cœur noir, et* Lychnis coronaria *cramoisi complètent l'ensemble.*

▼ GLOIRE ÉPHÉMÈRE

*Tout aussi royal, le dahlia 'Alvas Doris'
rouge sombre offre de fins pétales enrou-
lés ;* Verbena patagonica *pourpre l'entoure d'un océan dont la couleur et la
texture le mettent parfaitement en valeur.
Ces deux espèces sont éphémères et ne ré-
sistent pas aux températures hivernales,
sauf sous des climats privilégiés.*

▲ MAJESTUEUSE BEAUTÉ
Ce jardin féerique associe une gloriette couronnée et des plantes aux couleurs somptueuses. Les lupins se dressent, majestueux, dans le feuillage d'un vert généreux. Les roses anciennes rose pâle, émergeant d'un bouton aux tons plus soutenus, partagent la vedette avec les delphiniums violets.

TON SUR TON ▶
'Queen of Denmark', rosier ancien de culture facile, porte longtemps – mais une seule fois – une profusion de fleurs roses au cœur de l'été. Il forme une ravissante toile de fond pour le Lychnis coronaria, aux tiges argentées entremêlées de fleurs rose cramoisi.

EXUBÉRANCE ESTIVALE

QUOI DE PLUS SPECTACULAIRE dans un jardin qu'un vibrant mélange de couleurs fortes et éclatantes ? Rouges incandescents, jaunes et orange vifs semblent avoir capturé toute la chaleur et toute la lumière de l'été. Disposés en massifs compacts pour donner l'illusion d'un paysage de collines et de vallons, ils contrastent sans agressivité avec les pourpres, les bleus et les roses plus frais. Un tel décor stimule tous les sens et, sous un soleil éclatant, célèbre la fête de la couleur.

HARMONIE DE COULEURS

Quand les couleurs très intenses sont abondantes, le vert joue un rôle essentiel. Il projette en avant le rouge, l'orangé et le rose vif, tandis qu'il semble faire reculer les couleurs froides, surtout le bleu. Les tons de vert doré et de vert tilleul, comme ceux du *Molucella laevis (à droite)* animent la plupart des coloris, alors que le gris argenté ou le bronze, qui conviennent mieux aux teintes douces, les repoussent.

LYSIMACHIA VULGARIS
Lysimaque. *Vivace à longue floraison en bouquets, parfois envahissante.*

CONTREPOINT
Les soucis orange, éclairés par les fleurs blanches et le radieux feuillage vert émeraude du Tanacetum parthenium 'Aureum', ajoutent leur note colorée au chœur vibrant des pensées pourpres et jaunes, des fuchsias rouges et des roses cuivrées.

MASSIFS INFORMELS

Disposées en masses de couleurs vives, ces plantes semblent former de douillets coussins bigarrés. Au premier plan, à gauche, le pélargonium rose vif et cramoisi se mêle au Convolvulus mauritanicus bleu pourpré. Plus loin, les coquelicots écarlates et la valériane vermillon font écho à la giroflée vivace Erysimum 'Orange Flame'.

ROSA 'EDEN ROSE'
Hybride de thé. *Arbuste à feuilles caduques, donnant une profusion de fleurs parfumées du début de l'été*
● *à l'automne.*

AGERATUM HOUSTONIANUM
'PINKIE' Ageratum.
● *Annuelle d'été.*

● MOLUCELLA LAEVIS.
Annuelle aux calices vert tilleul entourant de minuscules fleurs blanches parfumées.

CALENDULA OFFICINALIS
Souci. Annuelle au parfum âcre et piquant, et se ressemant
● *spontanément.*

Euonymus japonicus 'Ovatus Aureus', Leucothoe 'Flamingo' rose-brun et Phormium tenax 'Variegatum' (lin de Nouvelle-Zélande) se mêlent en une exubérance presque tropicale, mettant en valeur le rose pourpre du Senecio pulcher.

◀ FLAMBOYANCE

L'introduction de rose parmi les jaune, orange et rouge ensoleillés de ce massif d'immortelles Helichrysum bracteatum, au graphisme simple, rehausse encore leur extraordinaire flamboyance.

▼ FEU ET GLACE

Les chrysanthèmes blancs, rose glacé et jaune pâle, en palier, forment un frais contraste avec les torches or et feu des kniphofias, que le watsonia, au premier plan, ponctue de touches d'un riche cerise.

ROUGES ÉCLATANTS

ÉBLOUISSANT ET CHALEUREUX, le rouge est la plus audacieuse des couleurs, et davantage encore lorsqu'il est mêlé au vert : il attire alors irrésistiblement le regard. Même si l'association du rouge et du vert est réalisée sur une petite échelle, par exemple avec des plantes en pot ou une grimpante rouge s'enroulant autour du luxuriant feuillage d'un arbre, l'effet est immédiat et spectaculaire. L'impact est plus fort encore avec des tons de rouge éclatant tirant vers l'orange plutôt que vers le rose, contre des verts sombres et vernissés qui les font vibrer.

IMPATIENS WALLERIANA VAR. BLITZ *Impatiente. Annuelle à grandes fleurs, du début de l'été aux premières gelées.*

HARMONIE DE COULEURS

Cette composition sans prétention n'utilise que deux espèces ; elle sera parfaite dans un conteneur en situation mi-ombragée, voire ombragée, où elle apportera une touche de couleur et de lumière. Les impatientes (*à gauche*) et les bégonias (*à droite*) offriront du début de l'été jusqu'à la fin de l'automne un merveilleux spectacle. Le tabac parfumé *Nicotiana alata* et un fuchsia pourraient compléter très joliment l'ensemble.

BEGONIA 'CLIPS' Bégonia. Parfait en conteneur, ce B. x tuberhybrida (Multiflora) typique porte des grandes fleurs doubles sur de robustes tiges.

CASCADE DE CAPUCINES

Tropaeolum speciosum aux fleurs écarlates escalade le vert sombre d'une haie d'ifs. Cette belle étincelante doit être installée dans un sol acide, le pied à l'ombre et la tête au soleil, en plants espacés de 30 cm. Une fois bien établie, rien ne l'arrête.

VALÉRIANE SAUVAGE

La valériane Centranthus ruber pousse spontanément dans de simples crevasses, en particulier près de la mer. Sa moisson de fleurs rouge vif et légèrement parfumées semble s'embraser contre le vert du feuillage.

PÉRENNITÉ DU VERT

MODESTIE

ÉLÉGANT, FRAIS ET APAISANT, le vert, omniprésent dans le jardin, surtout en été, crée une atmosphère de bien-être. Toile de fond généreuse mettant en valeur les innombrables fleurs colorées, il sait également affirmer sa présence. De nombreuses plantes sont appréciées pour leurs seules feuilles, et même la simple laitue et le modeste chou (*à gauche*) peuvent jouer un rôle décoratif. Utilisez le feuillage sous toutes ses formes pour créer des effets variés. Le vert doré anime les couleurs, le vert profond les intensifie, le cuivre et le pourpre ternissent les rouges, les bleus et les jaunes.

HARMONIE DE COULEURS

Les verts s'assemblent de façon insolite pour créer une douce atmosphère feutrée. Teintés de bronze, d'argent, de gris, de prune et de blanc, ces dégradés de vert égrènent une mélodie reposante. Mêlés aux persistants d'une bordure, où les fleurs jouent les seconds rôles, ils garderont toute l'année leur beauté sereine.

FEUILLAGE ACIDULÉ
Le faux acacia doré Robinia pseudoacacia 'Frisia' se détache contre la toile de fond des arbres vert foncé et d'une haie d'ifs sombres. L'un des derniers à perdre ses feuilles, cet arbre garde sa fraîche couleur printanière jusqu'à la fin de l'automne.

112

AUTOUR D'UN BASSIN MOUSSU
*Le bord d'un bassin ombragé est particulièrement
propice pour créer un massif de plantes vertes.
Hostas panachés éclaboussés de citron, fougère
Matteuccia struthiopteris vert tilleul et Fatsia
japonica aux feuilles découpées reculent vers la
fraîcheur du bleu glauque d'un Hosta sieboldiana.*

COTINUS COGGYGRIA
'NOTCUTT'S VARIETY'
Arbre à perruque. *Les
feuilles adultes vert foncé
sont mises en valeur par
les tendres jeunes pousses
• vert bronze.*

SENECIO 'SUNSHINE'.
*Arbuste persistant portant
de petites fleurs jaunes en
été. Le jeune feuillage est
• plus argenté.*

SALVIA OFFICINALIS
'PURPURASCENS' Sauge
pourpre. *Les jeunes feuilles
texturées teintées de pourpre
s'étagent sur des tiges violettes.*

EUPHORBIA MARGINATA
Euphorbe panachée.
*Annuelle aux bractées
blanches entourant de
• petites fleurs groupées.*

◀ ROYAUME ENCHANTÉ
Palette de verts en situation remarquable sur une colline, sous une voûte plumeuse de conifères. Le vert bleuté insolite se mêle au vert vif du monde paisible des hostas, fougères, graminées et rhododendrons.

ILLUSION PERSISTANTE ▶
Le Symphytum x uplandicum 'Variegatum' panaché offre, pendant tout l'été, des feuilles marginées de crème qui paraissent éclaboussées de soleil contre la toile de fond du sureau doré.

▼ FRAICHE CLAIRIÈRE
Le soleil danse sur une fraîche clairière peuplée de fougères, d'iris, de graminées et de primevères candélabres. Le lin de Nouvelle-Zélande cuivré, Phormium tenax 'Purpureum', structure l'ensemble.

TEINTES PASTEL

U DÉBUT DE L'ÉTÉ, une prairie alpine aux couleurs pastel constitue un spectacle merveilleux. Il est facile de recréer au jardin cette vision féerique, car ces teintes irradiées de lumière s'harmonisent parfaitement. Pêche lavé de rose et crème généreux, citron et abricot, rose bonbon (comme chez ces lavatères, *à gauche*) et autres tons de rose pâle, lilas clair et bleu argenté, sans oublier, bien entendu, le blanc, toutes ces nuances forment une palette délicate et sans fausse note.

LAVATERA 'BARNSLEY'

HARMONIE DE COULEURS

Dans ce mélange reposant, seules les étamines des lis ont une couleur éclatante : un orange vif se reflétant dans les fleurs de la rose trémière abricot, superbes contre les pétales rose glacé des lis. Statice lilas (merveilleux en bouquets secs), épis blancs de lysimaque et aneth vert doré complètent la composition.

LYSIMACHIA CLETHROIDES
Lysimaque. *Vivace aimant les situations fraîches.* •

ALLÉE RUSTIQUE
Diverses fleurs roses, jaunes et blanches bordent un chemin en briques, dont la couleur et la texture s'harmonisent avec leurs teintes douces. L'Erigeron mucronatum, à gauche, fleurit pendant des mois, ainsi que le Limnanthes douglassii couleur de miel.

• *LIMONIUM SINUATUM*
Statice. *Espèce vivace buissonnante traitée en annuelle. Il est possible de trouver des graines séparées par couleur.*

PRÈS DE L'EAU
Au bord d'un étang sombre, Hosta sieboldiana
étale ses magnifiques feuilles ondulées bleu argenté, encore vierges de limaces. En compagnie de
primevères rose tendre et blanc Primula pulveru-
lenta 'Bartley' et d'autres primevères d'un rose
plus foncé, il forme un massif lumineux.

ANETHUM GRAVEOLENS
Aneth. Annuelle se
ressemant spontanément.
Chaque partie de la
● plante est aromatique.

ALCEA ROSEA
'CHATER'S DOUBLE'
Rose trémière. Plante
bisannuelle épargnée
par la rouille, de
● couleurs variées.

LILIUM 'LE RÊVE'
Lis. Bulbe produisant
des fleurs au parfum
puissant.

DÉCOR NATUREL ▶

*Les ifs dorés taillés forment le cœur de ce
décor, où les couleurs des ancolies se
répondent mutuellement comme une
douce brise. Au-dessus, la floraison tardive rose clair d'un arbre de Judée s'élève
jusqu'aux verts panachés du feuillage.*

◀ DUO MÉDITERRANÉEN

Évoquant une colline méditerranéenne,
Foeniculum vulgare *jaune vif se marie
avec les nuances violettes de* Verbena patagonica. *Les tons pastel plus soutenus
brillent même quand le soleil est au zénith.*

▼ ASSOCIATION SUBTILE

Parmi ces plantes au charme naturel,
Dianthus *'Doris', œillet rose clair teinté
de sombre, fait écho à l'*Erigeron mucronatum, *auquel le* Nepeta *'Six Hills
Giant' ajoute son éclat lavande feutré.*

L'Automne

L'herbe, à l'arrière-plan,
et le lichen des écorces soulignent
le flamboiement des ors
et des rouges qui couronnent
ces érables japonais.

PALETTE DE L'AUTOMNE

Avant même la fin de l'été, l'atmosphère change, annonçant l'automne. La nuit est plus froide, la rosée du matin plus abondante, et la palette des couleurs se transforme. Quand l'automne se rapproche, les tons chauds triomphent. Chrysanthèmes et dahlias font éclater leurs orange, rouges et jaune d'or, tandis que les merveilleux pourpres, bleus et roses profonds des asters sont un enchantement. Les fleurs font ensuite place aux baies, et le glorieux spectacle de l'automne s'achève.

LE RYTHME DE LA VIE

Le déclin est plus apparent dans les coins sauvages du jardin. Les feuilles tombent – futur terreau pour les graines du printemps –, or, rouille et brun succèdent au vert, et sur l'eau flottent les brumes du petit matin. Puis le soleil apparaît et baigne à nouveau le jardin de chaude lumière couleur de miel.

● Le JAUNE rappelle, dans de nombreuses marguerites, le soleil qui baisse et la chaleur de l'été finissant. Plus tard, le feuillage apporte ses tons veloutés.

● Le ROSE, à cette époque de l'année, prédomine dans les tons cendrés, proches des violets pâles et des bleus pastel du cercle chromatique. On trouve nombre de ses nuances dans les sedums, asters et hortensias.

● L'ORANGE est la couleur de l'automne par excellence, comme si le patchwork aux mille couleurs de l'été s'enflammait en un brasier éclatant.

● Le ROUGE est riche et généreux comme un vin de Bourgogne. Les chrysanthèmes et les dahlias rougeoient, et les feuilles des sumacs, érables et prunus revêtent un sombre éclat de braise.

● L'ÉCARLATE triomphe dans les fruits de nombreuses plantes. Pyracantha, douce-amère et houx offrent les plus beaux spectacles.

Éclat Incandescent

ÉCARLATE, VERMILLON, RUBIS, carmin, cramoisi, tous ces tons chaleureux sont à base de rouge. L'automne offre une profusion de superbes bordures aux reflets incandescents, unissant diverses sortes de dahlias aux lis des cafres, nérines et crocosmias, outre une moisson de baies et autres fruits. Leurs couleurs, où se mêlent les flamboiements des ors et des rouges, jaillissent dans les massifs et les parent d'autant de joyaux.

ASTER NOVI-BELGII 'EVENTIDE' Aster d'automne. Jolie vivace très prisée, sujette aux attaques des insectes ● et de l'oïdium.

NERINE SARNIENSIS VAR. CORUSCA Nérine. A l'extérieur, ce bulbe doit être cultivé dans un emplacement abrité. ●

HARMONIE DE COULEURS

Si le rouge primaire pur est l'une des couleurs les plus fortes du cercle chromatique, écarlate et rouge orangé sont sûrement les plus flamboyantes. Elles semblent jaillir du paysage et étourdissent le spectateur. Leur contribution éclatante à la plénitude de l'été prélude à des périodes plus paisibles, où la vie se déroule au ralenti. Cette splendide composition associe les fleurs cristallines de la nérine au cotonéaster et aux asters vaporeux.

COTONEASTER HUPEHENSIS
Cotonéaster. *Arbuste à feuilles caduques, à rameaux arqués se parant de jaune et de grappes de fruits rouges à l'automne.*

IMPACT AU JARDIN
Les dahlias rouges et cramoisis montent à l'assaut de la verveine pourpre et des cannas aux feuilles tropicales. La superbe floraison des dahlias 'Bishop of Llandaff' et 'Sure Thing' est rehaussée par celle de la verveine.

DE L'ÉTÉ À L'AUTOMNE
De la fin de l'été à l'automne, les crocosmias forment des épis fleuris allant de l'orange au doré et du jaune au rouge flamboyant. Verbena patagonica *pourpre jaillit au premier plan.*

SOLEIL COUCHANT

MARIAGE RÉUSSI

ROUILLE FAUVE, profonds rouges sombres, bruns couleur de terre, acajou flamboyant chantent l'harmonieuse mélodie de l'automne. Irradiant une semblable chaleur, ils reflètent les feux du jardin et du soleil couchant, exaltant la parade colorée de l'année. Aux côtés des plantes favorites de l'automne, tels ces rosiers floribunda associés au feuillage bronze du canna (*à gauche*), les bégonias, fuchsias, pélargoniums et capucines déclinent l'ultime gloire de l'été.

HARMONIE DE COULEURS

Cette association de coloris sombres, illuminée par l'orange acidulé des kniphofias, est particulièrement belle quand le soleil descend à l'horizon. Son harmonie de couleurs or et chocolat, roux et rouge sang évoque le cœur pétillant des flambées de bois mort.

DAHLIA
Type nénuphar. *Plante à tubercule fleurissant jusqu'aux premières gelées.*

MÉLODIE EN SOLO
*Les couleurs harmonieuses de l'automne sont incarnées dans une seule plante : de l'écarlate à l'orange musqué en passant par le vieil or, les pétales d'*Helenium autumnale *sont soulignés par les tons ocre et pain brûlé de son cœur arrondi.*

CHANSON D'AUTOMNE
Le parfum de miel des chrysanthèmes ajoute au charme de leurs tons de braise. Ces cultivars pompons et doubles sont couverts de fleurs de la fin de l'été aux premiers froids. Sous les chrysanthèmes, des capucines tranchent sur le vert du feuillage.

KNIPHOFIA TRIANGULARIS
Tritoma. *Vivace à petits épis fleuris sur des tiges dressées.*

LEYCESTERIA FORMOSA
Chèvrefeuille de l'Himalaya. *Arbuste à feuilles caduques, à fleurs blanches à bractées rouge pourpré, donnant des fruits pourpres en automne.*

CHRYSANTHEMUM
Chrysanthème. *De type ramifié, cette vivace de début d'automne porte des fleurs en bouquets qui tiennent bien en vase.*

ÉCLAT DORÉ

CHRYSANTHEMUM 'WENDY' Chrysanthème. Vivace réclamant une protection en hiver.

S I L'AUTOMNE REVÊT d'or flamboyant le feuillage de nombreuses plantes, il offre également une profusion de fleurs et de fruits dorés. Or rouge, or pâle, or jaune étincelant, cette couleur incarne l'automne généreux. Il faut savoir tirer le meilleur parti des richesses de chaque saison pour que, mois après mois, bordures et massifs brillent de tous leurs feux. Fleurs et arbustes à feuillage doré sont merveilleux en automne, mais également très beaux le reste de l'année.

HARMONIE DE COULEURS

Les plantes qui fleurissent de l'été à l'automne sont particulièrement intéressantes. Bégonias, mufliers et œillets d'Inde (annuelles qui offrent toutes des tons dorés) commencent même leur floraison dès le début de l'été pour ne s'arrêter qu'aux premières gelées. Les immortelles et les chrysanthèmes ci-contre fleurissent de la fin de l'été à la fin de l'automne, tandis que le feuillage de l'eucalyptus se teinte souvent d'or pâle.

FEUILLAGES D'OR
Le sumac Rhus hirta, ici sous sa forme arbustive 'Laciniata', jette ses derniers et superbes feux écarlate, or et orange. Hickory, hêtre et sassafras offrent également de beaux tons dorés, qui scintillent au soleil automnal.

PROFUSION D'ÉTOILES

Le cœur presque noir de Rudbeckia hirta 'Marmalade' met en valeur ses pétales jaune doré. Pour obtenir une floraison automnale particulièrement généreuse, rabattez et nourrissez les plantes après leur première floraison d'été.

HELICHRYSUM BRACTEATUM
Immortelle. *Plante annuelle composée, fleurissant de l'été au début de l'automne.*

CHRYSANTHEMUM 'YELLOW BREITNER'. *Vivace fleurissant en début d'automne.*

EUCALYPTUS TORQUATA. *Arbre élancé pouvant atteindre 8 m, à feuillage relativement persistant.*

DERNIERS FEUX

L'ASSOCIATION DU ROSE et de l'orange est un duo particulièrement gai et chaleureux avec du vert pâle ou doré. Quand la saison s'avance et que le jardin se prépare pour l'hiver, il est bon d'avoir prévu un dernier massif coloré. Dahlias, nérines, belladones d'automne et hébés tardives offrent une profusion de roses et d'orange à la palette automnale. De nombreux rosiers portent également, dans de merveilleuses nuances, ces deux couleurs dans leurs fleurs et leurs fruits.

AMARYLLIS BELLADONNA
Belladone d'automne.
Bulbe fleurissant en début d'automne, après la chute de ses feuilles.

HARMONIE DE COULEURS

Dans ce mélange d'automne, l'orange vif est apporté par les fruits du rosier rugosa, les graciles lanternes du *Physalis alkekengi* et les nérines lumineuses. Le rose tendre des belladones d'automne au parfum suave et le rouge carminé de l'*Hebe* 'La Séduisante' ajoutent leur doux éclat chaleureux.

ROSA RUGOSA
'SCABROSA'. *Espèce hybride en buisson dense. Les gros fruits succèdent à une généreuse et longue floraison rose et parfumée. Fleurs simples, en forme de coupe.*

SPLENDEUR DE FIN D'AUTOMNE
Les larges bordures sont aussi belles en automne qu'en été. Empiétant sur la pelouse, crocosmias, amarantes, penstemons et achillées, rudbeckias, lavatères, dahlias et roses rivalisent de textures et de formes, en un tourbillon de joyeuses couleurs.

CHANDELLES DE FEU
Torches de braise, les kniphofias se dressent contre le bronze pourpré du cotinus et le rose sombre de l'Eupatorium, choc violent de l'orange et du rose, que souligne le pâle vert citron de la molène et de la spirée.

HEBE 'LA SÉDUISANTE'.
Arbuste persistant, à planter dans un endroit abrité. Épis fleuris pendant tout l'automne.

NERINE 'CORUSCA MAJOR'.
Plante bulbeuse délicate, à planter à l'abri d'un mur ensoleillé et à protéger du froid.

PHYSALIS ALKEKENGI
Amour-en-cage. *Vivace résistante, parfois envahissante. Fruits comestibles enfermés dans le calice.*

L'Hiver

Le décor, habillé maintenant
de teintes sombres, révèle la beauté
de la silhouette des arbres, les pousses
jaillissant du sol, le vert profond
des persistants et les fleurs,
joyaux minuscules.

PALETTE DE L'HIVER

Dominée par le brun du sol, le gris des écorces, le vert des persistants et quelques baies colorées çà et là, la palette de l'hiver peut paraître de peu d'intérêt. Et pourtant, le jardin conserve toute sa magie : les arbres dévoilent la dentelle de leur charpente, les persistants révèlent leurs or, cuivre et bleu argenté, les camélias et autres arbustes enrichissent le décor de leurs fleurs hivernales, tandis que crocus et perce-neige annoncent déjà l'arrivée du printemps.

ÉTUDE MINIMALISTE

La beauté des fleurs d'hortensia desséchées est soulignée par la blancheur de la lumière hivernale. Les bractées crissantes de gelée, autrefois colorées, prennent des tons de café glacé. Au premier plan, à droite, un rouge-gorge tout rond est perché sur un petit rhododendron au feuillage persistant.

● Le GRIS-BRUN, présent
dans la terre nue, l'écorce
et les chatons, est un
élément important du
décor hivernal. Les feuilles
mortes jonchant le sol
ou posées sur les haies
de charme ou de hêtre
ajoutent une texture
intéressante.

● Le BLANC est le ton
dominant des fleurs, en
général petites. Viburnums
et bruyères, précieuses
taches lumineuses se
détachant contre le sombre
feuillage, survivent aux
froids de l'hiver grâce à
leur port ramassé.

● Le CUIVRE, passant
du rouge au bronze, est
présent dans le feuillage
persistant et les branches
de pittosporum, leucothoe,
photinia, phormium et
cordyline. Les variétés
pourpres élargissent cette
gamme de couleur.

● L'ARGENT et les tons
gris fer soutenus font
écho aux froides patines
de l'hiver. Comme le
blanc, ils donnent un
brillant lustré aux mornes
paysages. De nombreux
conifères, santolines et
armoises offrent, en hiver,
un feuillage gris argenté
fort intéressant.

● Le VERT généreux des
persistants prend toute
sa valeur en hiver ; avant-
goût de la fraîcheur du
printemps, ils définissent
le jardin. Arbrisseaux et
arbustes – dont les houx,
skimmia et pyracantha –
offrent leurs baies en
prime.

COULEURS DE NOËL

SKIMMIA JAPONICA FEMELLE

FACE À L'AUSTÉRITÉ du décor hivernal, le contraste du rouge et du vert, tons complémentaires, semble encore plus prononcé. Le rouge hivernal se trouve surtout dans les baies (si les oiseaux en ont laissé) ; mais rappelez-vous que pour certaines plantes, dont le skimmia (*à gauche*), il faut un pied mâle et un pied femelle pour obtenir des fruits. Les jeunes pousses hivernales font également partie du décor. Le saule *Salix alba* 'Britzensis' offre un lacis de tiges écarlates particulièrement belles près de l'eau dormante.

HARMONIE DE COULEURS

Ce superbe quatuor de plantes est suffisamment chaleureux pour illuminer le décor le plus gris. Le mélange du houx épineux, du cornouiller, du lierre à fruits et du cotonéaster offre une séduisante variété de couleurs et textures dans les feuillages persistants luisants et nervurés, les tiges acajou, les baies écarlates et les fruits noirs du lierre.

EFFET DE SILHOUETTES
Le cornouiller Cornus alba 'Westonbirt', *à écorce rouge, présente ici ses pousses drues sortant du sol couvert de neige.* C. stolonifera 'Flaviramea' *offre, en hiver, des tiges jaune citron. Taillez court au printemps, pour encourager la pousse.*

ILEX AQUIFOLIUM
Houx commun.
Persistant poussant lentement et sous de nombreuses formes. Fruits particulièrement abondants après un été sec.

MERVEILLES NATURELLES
Quand la couleur des fleurs manque au jardin,
d'autres scènes la remplacent. Le bleu pur d'un ciel
d'hiver forme une superbe toile de fond pour les
baies d'un rouge éclatant du Viburnum opulus,
qui succèdent à ses fleurs blanches et à
son rutilant feuillage d'automne.

CORNUS ALBA Cornouiller
à écorce rouge. *Arbrisseau
à feuilles caduques, pousses
rouges en hiver. C. alba
'Elegantissima' a un feuillage
panaché en été.*

COTONEASTER 'CORNUBIA'.
*Buisson semi-persistant aux
branches arquées. Fleurs
blanches en bouquets en début
d'été, suivies de baies.*

HEDERA HELIX
Lierre commun. *Liane
grimpante n'offrant des
fruits que sur les sujets
âgés.*

LE SCULPTEUR DU JARDIN

N HIVER, quand ses rivaux sont endormis, le vert, à la vigueur re-
nouvelée, devient couleur triomphante. Ses formes et ses textures
(sans oublier celles des branches et des écorces) sculptent le paysage
aux emplacements autrefois colorés, leur donnant un intérêt nouveau.
Buis et ifs forment de parfaits topiaires, les troènes des haies bien nettes.
Certaines couleurs restent présentes, dans les feuillages dorés, bleus ou
argentés de nombreux arbres.

*LARIX DECIDUA Mélèze
d'Europe. Conifère à feuilles
caduques, à feuillage vert
clair, doré en automne.
De croissance rapide,
il peut atteindre 30 m.*

HARMONIE DE COULEURS

Feuilles et branches en différents tons de vert, aux textures
variées, produisent des effets splendides qui permettent de
transformer le jardin (parfois alangui en hiver) et de lui donner ainsi un nouvel intérêt. Les branches du mélèze, à
feuilles caduques, ornées de lichen et de mousse sont ici associées au lin de Nouvelle-Zélande, au pittosporum ondulé,
à l'elaeagnus argenté et au cyprès doré.

DÉCOR HIVERNAL
*Arbuste ou arbrisseau, le mahonia offre un feuillage spectacu-
laire s'étalant en palmes, surtout chez les grands sujets. Mahonia lomarifolia, un peu fragile, et l'hybride M. x media 'Charity', plus résistant, offrent des fleurs parfumées.*

EFFET DE GIVRE
Les fleurs blanc-vert pâle de la rose de Noël
Helleborus lividus subsp. corsicus s'ouvrent
souvent en fin d'hiver et se succèdent jusqu'au
printemps. Les feuilles sont persistantes. Choisissez
H. x sternii 'Blackthorn' pour son feuillage rose
argenté et ses fleurs vertes lavées de rose.

PHORMIUM TENAX Lin de
Nouvelle-Zélande. Vivace
à feuillage panaché persistant, doré, bronze, argenté,
crème ou pourpre.

ELAEAGNUS X EBBINGEI.
Arbuste persistant, à petites
fleurs blanches tubulaires
en automne, fortement
parfumées.

PITTOSPORUM TENUIFOLIUM
'VARIEGATUM'. Gros buisson
ou arbrisseau persistant se plaisant près de la mer.

CUPRESSUS MACROCARPA
'GOLDCREST' Cyprès
de Lambert. Conifère
persistant à croissance
rapide, feuillage au
parfum de citron.

VÉNÉRABLES SCULPTURES ▶

Sous sa forme topiaire, l'if peut vivre des centaines d'années : les ifs d'un des jardins topiaires les plus célèbres d'Angleterre sont âgés de cinq siècles. Si vous décidez d'adopter ces spectaculaires sculptures, rappelez-vous que l'if peut pousser de 25 cm par an.

◀ MANTEAU D'HIVER

Les teintes et formes de l'hiver offrent de superbes détails, comme ce Leucothoe fontanesiana 'Rainbow' aux feuilles persistantes, ici revêtues de leur robe rouge hivernale et soulignées d'une poussière de givre.

▲ MERVEILLE HIVERNALE

L'arbrisseau Garrya elliptica porte, de l'hiver au printemps, de merveilleux chatons accrochés à ses branches comme des décorations de Noël. Choisissez son emplacement avec soin, son feuillage vert foncé restant assez terne après la floraison.

▲ SPECTACLE CONTINU

Par les froides journées d'hiver, le buis et le chèvrefeuille persistant Lonicera nitida 'Baggeson's Gold' revêtent leur habit givré vert bleuté. Remarquables topiaires, comme le troène et l'if, ils sont superbes toute l'année, y compris en hiver.

EMBLÈME DE L'HIVER

CAPSULES DE CLÉMATITE

LE BLANC, COULEUR DE NEIGE ET DE GIVRE, est tout à fait approprié pour les massifs d'hiver. Par temps doux, il incline à la nostalgie des jours plus éclatants. Le climat de votre région vous dictera les plantes à choisir. L'absence de couleurs vives sera compensée par le charmant spectacle des graminées et des capsules de graines, telles celles de la clématite (*à gauche*). Les roses de Noël offrent les premières leur blancheur, suivies des perce-neige, puis, dans les endroits abrités, du cognassier du Japon et de la bruyère.

HARMONIE DE COULEURS

Ce mélange pour bordure abritée fleurira, s'il fait doux, du cœur de l'hiver au printemps. Le revers velouté des feuilles du *Senecio* 'Sunshine' fait écho au blanc crème de la rose de Noël *Helleborus niger* et de la bruyère, qui ouvre ses boutons roses. Le cognassier du Japon ajoute ses fleurs d'un blanc pur.

SENECIO 'SUNSHINE'. *Persistant buissonnant à fleurs jaunes, utilisé pour son feuillage.*

TOUTE DE GRÂCE
L'herbe des pampas Cortaderia selloana *forme rapidement une grosse touffe et devient souvent envahissante. Les gracieux plumets ivoire atteignent plus de 3 m, mais ils doivent être coupés au printemps.*

ANNONCE DU PRINTEMPS
Les premiers perce-neige réjouissent le cœur en annonçant le printemps. Parmi les nombreuses variétés, le simple perce-neige commun Galanthus nivalis, avec ses feuilles vert-gris, est particulièrement ravissant en tapis à l'orée d'un bois.

CHAENOMELES SPECIOSA 'NIVALIS' Cognassier à fleurs. Arbuste épineux à feuilles caduques, se plaisant à l'abri d'un mur ensoleillé.

HELLEBORUS NIGER Rose de Noël. Vivace persistante. En situation abritée, ses fleurs apparaissent dès le début de l'hiver et jusqu'au printemps.

ERICA ERIGENA Bruyère. Haute persistante résistant aux gelées, en fleur du début de l'hiver à la fin du printemps.

PROMESSE DE PRINTEMPS

L E PRINTEMPS, obéissant au rythme inexorable de la vie, va bientôt succéder à l'hiver, et la couleur commence à réapparaître au jardin. En attendant, quelques plantes défient la morne atmosphère qui règne parfois au cœur de l'hiver, et offrent fleurs et feuillages pour calmer notre impatience. Les jeunes pousses exhalent dans l'air froid leur parfum vivifiant, et l'on se prend à rêver de soleil. Jaunes et ors, roses généreux, crème et verts du feuillage tout neuf, première palette du printemps, illuminent bientôt la scène hivernale.

HARMONIE DE COULEURS

Difficile de surpasser, en hiver, ce mélange à la fois doux et chaleureux de rose, jaune et blanc, se détachant sur le feuillage bronze du leucothoe et le vert sombre du camélia. Viburnum blanc et hamamélis jaune offrent en prime leur délicieux parfum, qui rend plus intense l'atmosphère frémissante. Plantez le camélia à l'est, pour que ses fleurs restent immaculées.

LEUCOTHOE FONTANESIANA 'RAINBOW'. Arbuste persistant aux rameaux arqués. Le jeune feuillage bronze devient vert foncé, d'abord éclaboussé • de rose, puis de crème.

AVANT-GOÛT DU PRINTEMPS
L'Eranthis hyemalis fleurit souvent très tôt. Sa fleur unique jaune vif, semblable à celle du bouton-d'or, jaillit de sa collerette de feuilles vertes, défiant la neige et la glace. Assez délicat, ce tubercule aime l'ombre légère et les sols frais.

MESSAGE D'ORIENT
Les gros boutons du Prunus mume 'Beni-shidare' apparaissent souvent dès la fin de l'hiver, éclatant en fleurs de couleur vive dès que la température se réchauffe. Également précoce, 'Pendula' est une forme pleureuse d'un rose plus pâle.

VIBURNUM x BODNANTENSE.
Arbuste dressé à feuilles caduques. Fleurs au parfum de vanille s'ouvrant par temps doux, de la fin de l'automne au début du printemps.

CAMELLIA JAPONICA 'TAKASAGO'.
Arbuste persistant; cultivar Higo Japonica, dont les fleurs offrent de volumineux cœurs jaune doré.

HAMAMELIS MOLLIS 'PALLIDA' Hamamélis.
Grand arbuste à feuilles caduques, à feuillage jaune en automne. Il offre, en hiver, des fleurs au parfum sucré et délicat.

SÉLECTION DE PLANTES PAR SAISON

Pour vous aider à choisir vos plantes par couleur et par saison, cette liste propose, outre les espèces familières, d'autres plus inhabituelles ; vous y trouverez des conseils concernant la culture et l'emplacement – nature du sol, éclairage, par exemple –, l'époque de floraison, la gamme de couleurs des fleurs (parfois des feuilles ou des fruits). Les plantes se plaisent généralement dans un sol bien drainé, où elles fleuriront pendant toute leur saison.

 PRINTEMPS

ARBRES, ARBUSTES ET GRIMPANTES

Acacia MIMOSA.
Arbre persistant, à croissance rapide. Soleil, protection contre le gel. Début du printemps. *Jaune vif.*

Aesculus hippocastanum MARRONNIER.
Arbre à feuilles caduques. Soleil, mi-ombre. Printemps. *Blanc crème, taches rose sombre ou rouges.*

Akebia quinata.
Grimpante à feuilles caduques ou semi-persistantes. Sol riche, soleil, mi-ombre. Fin du printemps. *Pourpre foncé.*

Amelanchier.
Arbrisseau à feuilles caduques. Soleil, mi-ombre. Printemps. *Blanc.*

Arbutus ARBOUSIER.
Arbre persistant, écorce rouge. Sol non calcaire. Soleil, situation abritée. Printemps. (Fruits rouges en automne.) *Blanc.*

Azara.
Arbuste ou arbrisseau persistant. Sol riche, soleil ou mi-ombre contre un mur. *Jaune vif.*

Berberis ÉPINE-VINETTE.
Arbuste à feuilles caduques. Soleil. (Fruits colorés en automne.) *Jaune, orange, abricot, rouge.*

Camellia.
Arbuste ou arbrisseau persistant. Sol acide, mi-ombre abritée. Hiver à été. *Jaune, rouge, rose, blanc.*

CORNUS FLORIDA 'CHEROKEE CHIEF'

Chaenomeles COGNASSIER À FLEURS.
Arbuste à feuilles caduques. Soleil, mi-ombre. *Orange, rouge, rose, blanc.*

Choisya ternata ORANGER DU MEXIQUE.
Arbuste aromatique persistant. Sol riche, soleil ou mi-ombre. Printemps, automne. *Blanc.*

Clematis montana.
Grimpante à feuilles caduques, jusqu'à 10 m. Sol alcalin, pied à l'ombre, tête au soleil. Nombreuses fleurs à quatre pétales. *Rose, blanc.*

Cornus florida CORNOUILLER.
Grand arbuste à bractées, feuilles caduques. Sol riche, soleil. *Rose, blanc.*

Cytisus canariensis CYTISE.
Arbuste persistant. Soleil, situation abritée. Multiples fleurs de fin d'hiver à mi-été. *Jaune.*

Daphne.
Arbuste persistant ou à feuilles caduques. Fleurs parfumées. Soleil, situation abritée (*D. laureola* tolère l'ombre). *Rose, blanc.*

**Erica cinerea,
E. x darlyensis** BRUYÈRE.
Sous-arbrisseaux persistants. Sol acide et frais, soleil. De l'hiver au printemps. *Rose, pourpre, blanc.*

**Euphorbia characias,
E. mellifera, E. myrsinites,
E. polychroma, E. rigida.**
Sous-arbrisseaux persistants ou à feuilles caduques (et vivaces). Fleurs à bractées spectaculaires. Soleil. Bractées. *Doré, vert tilleul.*

Forsythia.
Grand arbuste à feuilles caduques. Soleil, mi-ombre. Mi-printemps, avant les feuilles. *Jaune vif.*

Kerria CORÈTE DU JAPON.
Grand arbuste à fleurs simples ou doubles, feuilles caduques. Soleil, mi-ombre. Printemps. *Jaune.*

**Magnolia denudata,
M. salicifolia, M. x soulangeana, M. stellata.**
Grands arbustes ou petits arbres. Sol riche (non calcaire de préférence), exposition ensoleillée à l'abri des vents froids. Fleurs en forme de tulipe sortant avant les feuilles. *Rose, pourpre, blanc.*

Malus POMMIER D'ORNEMENT.
Arbre de petite ou de moyenne taille, à feuilles caduques. Sol riche, soleil. Fleurs en même temps que les feuilles. *Rose, blanc.*

Osmanthus.
Arbrisseau persistant. Plein soleil, situation abritée des vents froids. Fleurs à parfum de vanille, fin de printemps. *Blanc.*

Pieris.
Grand arbuste persistant. Sol acide, frais, ensoleillé mais avec ombre. Variétés de *P. formosa* : jeunes feuilles saumon et rouge en même temps que les fleurs. *Blanc.*

Prunus CERISIER À FLEURS.
Arbre à feuilles caduques, petit à moyen. Plein soleil. Fleurs simples ou doubles, début à fin de printemps (*P. sargentii* très coloré à l'automne). *Rose, blanc.*

Rhododendron
(y compris **Azalea**).
Arbuste ou arbrisseau, à feuilles persistantes ou caduques. Sol acide, frais, mi-ombre, situation abritée. Fleurs en bouquets, surtout en fin de printemps. *Jaune, orange, rouge, rose, violet, blanc.*

PIERIS JAPONICA 'FLAMINGO'

Ribes GROSEILLIER À FLEURS.
Arbuste moyen ou grand, à feuilles caduques. Soleil, mi-ombre. Fleurs en grappes au début du printemps. *Jaune, rouge, rose, blanc.*

Sophora tetraptera.
Grand arbuste ou arbrisseau à feuilles caduques, craignant le gel. Sol riche, plein soleil contre un mur. Fleurs cireuses à la mi-printemps. *Jaune doré.*

Spirea x arguta, S. thunbergii SPIRÉE.
Arbustes moyens, à feuilles caduques. Profusion de petites fleurs en fin de printemps. *Blanc.*

Staphylea.
Grand arbuste ou arbrisseau, à feuilles caduques, à fleurs au parfum de vanille. Sol riche, frais, plein soleil. Fin du printemps. *Rose, blanc.*

Syringa LILAS.
Arbuste moyen, ou grand ou petit arbre, feuilles caduques. Sol riche, soleil, mi-ombre. Fleurs parfumées sur sujet adulte. *Rose, violet, lilas, blanc, crème.*

Viburnum plicatum.
Grand arbuste, à feuilles caduques. Sol riche, frais. Fleurs sur pousses latérales. *Rose, blanc.*

ANNUELLES ET BISANNUELLES

Bellis PÂQUERETTE.
Traiter en bisannuelle. Sol riche, soleil ou mi-ombre. Couper les fleurs fanées pour que les fleurs se renouvellent du début du printemps à l'été. *Rouge, rose, blanc.*

Erysimum.
Traiter en bisannuelle. Tout sol sauf acide, soleil. Fleurs en épis très parfumées, fin de printemps. *Jaune, orange, rouge, rose, pourpre, crème.*

Lunaria MONNAIE-DU-PAPE.
Traiter en bisannuelle. Mi-ombre. Fleurs parfumées en fin de printemps (capsules argentées en automne). *Rose, pourpre, blanc.*

Myosotis.
Traiter en bisannuelle. Tout sol, soleil ou ombre. Fleurs bleu pur, fin de printemps, début d'été. *Gamme de bleus.*

ERYSIMUM 'JOHN CODRINGTON'

Senecio x hybridus CINÉRAIRE.
Bisannuelle frileuse. Sol bien drainé mais non sec, soleil ou mi-ombre. Corymbes fleuris du printemps au début de l'été. *Orange, rouge, rose, violet, pourpre, bleu, blanc.*

VIVACES ET BULBES

Allium AIL D'ORNEMENT.
Petit ou gros bulbe. Feuilles étroites, écrasées, dégageant une odeur d'ail. Soleil. Planter dehors à l'automne. Fleurs en ombelles, fin du printemps, début d'été selon les espèces. *Jaune, rose, pourpre, bleu, blanc.*

Bergenia.
Vivace herbacée. Soleil, mi-ombre. Grandes feuilles veloutées, persistantes. Fleurs en bouquets en fin d'hiver, au printemps, au début de l'été. *Rouille, rose, pourpre, blanc.*

Chionodoxa.
Petit bulbe émettant des grappes de fleurs. Soleil. Début du printemps. *Rose, bleu – parfois pur –, blanc.*

Crocus.
Petit bulbe se naturalisant dans l'herbe. Soleil ou mi-ombre. Début du printemps ou automne, selon variétés. *Jaune, orange, pourpre, bleu, blanc.*

Erythronium.
Tubercule ressemblant à un croc de chien. Sol riche, mi-ombre ou ombre. Fleurs délicates en clochette sur rosettes de feuilles souvent tachetées, fin du printemps. *Jaune, rose, pourpre, crème.*

Fritillaria imperialis FRITILLAIRE COURONNE IMPÉRIALE.
Gros bulbe. Mi-ombre ensoleillée. Belles fleurs, mais odeur déplaisante. *Jaune, orange, rouge.*

Fritillaria meleagris MÉLÉAGRE.
Bulbe moyen se naturalisant bien dans l'herbe. Mi-ombre ensoleillée. *Brun, pourpre, vert, blanc.*

Galanthus PERCE-NEIGE.
Petit bulbe. Soleil ou mi-ombre. Fleurs en clochette sur des tiges délicates, début du printemps. *Blanc (souvent marqué de vert).*

Hyacinthoides non-scriptus JACINTHE DES BOIS.
Gros bulbe. Se naturalise en sous-bois en formant un tapis. Sol frais, mi-ombre. Fleurs en clochette, épis court, léger parfum. *Rose, bleu intense, blanc.*

Hyacinthus JACINTHE.
Petit ou moyen bulbe. Soleil ou mi-ombre. Grappes de fleurs très parfumées, deuxième moitié du printemps. *Saumon, rouge, rose, pourpre, bleu, blanc.*

Leucojum NIVÉOLE D'ÉTÉ.
Bulbe grand ou moyen. Sol bien drainé mais pas trop sec, soleil ou mi-ombre. *L. vernum* (petit) et *L. aestivum* (moyen) ont des fleurs semblables à celles du perce-neige marquées de vert. Certaines variétés fleurissent en automne. *Blanc.*

Muscari.
Bulbe. Soleil ou ombre ensoleillée. Feuilles en lanières. Petites fleurs en grappes parfumées. *Gamme de bleus, blanc.*

HYACINTHUS 'JAN BOS'

Narcissus JONQUILLE.
Vaste groupe de bulbes, de diverses hauteurs, dont beaucoup se naturalisent bien dans l'herbe. Soleil ou mi-ombre. *Jaune, orange, rose, crème, blanc.*

Polygonatum SCEAU-DE-SALOMON.
Vivace élégante et grande. Sol riche, mi-ombre. Fleurs en clochette sur tiges feuillues. *Blanc bordé de vert.*

Primula vulgaris PRIMEVÈRE.
Vivace basse en bouquet. La plupart des sols, soleil ou mi-ombre. *Jaune pâle, doré, orange, rouge, rose, pourpre, violet, blanc.*

Pulmonaria PULMONAIRE.
Vivace basse. Soleil ou mi-ombre. *Rouge, rose, bleu, blanc.*

TULIPA 'GOLDEN OXFORD'

Ranunculus asiaticus.
Vivace frileuse issue d'un tubercule. Sol riche et frais, plein soleil. Fleurs semblables à celles du bouton-d'or semi-doubles et doubles. *Jaune, orange, rouge, rose, blanc.*

Scilla SCILLE.
Bulbe à croissance lente. Sol frais mais bien drainé, soleil ou mi-ombre. *Rose, très beaux bleus, blanc.*

Symphytum.
Vivace herbacée poussant vite et se naturalisant bien. Soleil ou ombre. Fleurs en clochette. *Rouge, rose, bleu, crème, blanc.*

Tulipa TULIPE.
Grande variété de bulbes. Sol alcalin, soleil ou mi-ombre. *Toutes couleurs, sauf bleu.*

Viola PENSÉE, VIOLETTE.
Vivaces basses (des petites violettes aux grosses pensées). Sol frais bien drainé, soleil ou mi-ombre. *Jaune, doré, orange, rouge, violet, pourpre, bleu, blanc.*

ÉTÉ

ARBRES, ARBUSTES ET GRIMPANTES

Abutilon.
Arbuste à feuilles caduques craignant le gel, fleurs en clochette. Soleil, en situation abritée. *Jaune, orange, rouge, rose, lilas, blanc.*

Aesculus MARRONNIER.
Arbre et arbuste à feuilles caduques. Soleil, mi-ombre. Fleurs en panicules. *Rose, blanc, crème.*

Brugmansia DATURA.
Arbuste poussant vite, à feuilles caduques ou persistant (fleurs parfumées). Soleil. Toxique. *Doré, orange, abricot, rose, pourpre, blanc.*

Buddleia.
Arbuste à feuilles caduques, poussant vite, fleurs en panicules. Soleil. *Orange, rouge, rose, pourpre, lilas, blanc, crème.*

Ceanothus CÉANOTHE.
Grand arbuste persistant ou à feuilles caduques, parfois petit arbre. Sol neutre ou acide, soleil. *Surtout des bleus, quelques roses et blancs.*

Cistus CISTE.
Arbuste persistant. Soleil, en situation abritée. Fleurs éphémères. *Rose, blanc.*

Clematis CLÉMATITE.
Grimpante, surtout à feuilles caduques. Longue floraison. Sol riche, pied à l'ombre, tête au soleil. *Toutes couleurs, sauf orange et turquoise.*

Cotinus ARBRE À PERRUQUE.
Grand arbuste ou arbrisseau à feuilles caduques. Soleil. C. *coggygria* 'Royal Purple' et d'autres ont un feuillage pourpre. *Fauve, gris.*

CLEMATIS VENOSA 'VIOLACEA'

CEANOTHUS ARBOREUS 'TREWITHEN BLUE'

Deutzia.
Arbuste moyen à feuilles caduques. Sol riche, soleil. Masse de fleurs du début à la mi-été. *Rouge, rose, blanc.*

Escallonia.
Grand arbuste persistant, climat maritime. Floraison massive. Soleil. *Rouge, rose, blanc.*

Eucalyptus.
Arbre persistant, joli feuillage. Soleil. E. *gunnii*, E. *pauciflora*, E. *perriniana* sont plus fragiles. *Surtout bleu argenté.*

Fremontodendron.
Grand arbuste persistant ou semi-persistant. Sol léger, soleil, contre un mur. Du printemps à l'automne. *Jaune.*

Fuchsia.
Arbuste à feuilles caduques, parfait pour pot. Sol riche, mi-ombre. Été à fin d'automne. *Orange, rouge, rose, pourpre, lilas, blanc.*

Hebe.
Arbuste semi-rustique ou rustique, persistant, cultivé pour son feuillage et ses épis fleuris. Soleil ; à abriter des vents froids. *Rouge, rose, pourpre, bleu, blanc.*

Helianthemum HÉLIANTHÈME.
Petit arbuste persistant, à longue floraison. Soleil. *Jaune, orange, rouge, rose, blanc.*

Heliotropium HÉLIOTROPE.
Buisson persistant frileux, traité en annuel. Sol riche, soleil. Fleurs très parfumées en corymbes, tout l'été et en début d'automne. *Violet, pourpre, blanc.*

Hibiscus syriacus et ses nombreuses variétés.
Arbuste ou arbrisseau à feuilles caduques, annuel, à longue floraison. Soleil. Fin d'été. *Rouge, rose, pourpre, blanc.*

Hypericum MILLEPERTUIS.
Arbuste à feuilles caduques ou persistant. Soleil, mi-ombre. Fin d'été et automne. *Jaune.*

Jasminum officinale JASMIN.
Grimpante semi-persistante ou à feuilles caduques. Soleil. *Blanc.*

Jasminum parkeri, J. revolutum JASMIN.
Arbustes persistants. Soleil. *Jaune.*

Kolkwitzia.
Arbuste à feuilles caduques. Sol riche, soleil. Mi-été. *Rose, blanc.*

Lantana.
Arbuste persistant frileux, traité en annuel, bon pour pot. Toxique. Fleurs multicolores. *Jaune, orange, rouge, rose, blanc.*

Lavandula LAVANDE.
Buisson persistant rustique ou semi-rustique. Soleil. Été. *Rose, pourpre, lavande, blanc.*

Lavatera LAVATÈRE.
Annuelle buissonnante à feuilles caduques, vie courte. Soleil. L. 'Barnsley' très apprécié. *Rose pâle.*

Lonicera CHÈVREFEUILLE.
Arbuste ou grimpante à feuilles caduques, ou persistant, très parfumé. Soleil ou mi-ombre. Certains fleurissent en automne et en hiver. *Jaune, rouge, rose, crème.*

Olearia.
Arbuste persistant, climat maritime. Soleil, à abriter. O. *semidentata*, a des fleurs mauves. *Blanc.*

Passiflora caerulea FLEUR DE LA PASSION.
Grimpante persistante, résistant au gel. *Blanc lavé de rose, cœur à filaments pourpres.*

Pelargonium GÉRANIUM.
Vaste groupe de sous-arbrisseaux craignant le gel. Soleil ou mi-ombre. *Orange, rouge, rose, pourpre, blanc.*

Philadelphus SERINGAT.
Arbuste à feuilles caduques. Soleil. P. 'Belle Étoile' a des pétales blancs à base tachée de rouge, P. *microphyllus* et P. 'Sybille' sont parfaits pour des petits jardins. La plupart des seringats sont très parfumés. *Blanc.*

Phlomis.
Buisson persistant à feuillage gris, aromatique. Soleil. P. *italica*, assez fragile, a des fleurs rose lilas. *Jaune pour la plupart.*

Phygelius.
Arbuste ou sous-arbrisseau persistant ou semi-persistant, généralement traité en vivace. Fleurs tubulaires. Soleil. Été et automne. *Jaune, orange, rouge.*

ROSA 'BIG PURPLE'

Plumbago.
Arbuste persistant peu rustique, traité en annuel, bon pour pot. Soleil. *Bleu ciel, blanc.*

Potentilla POTENTILLE.
Arbuste et vivace à feuilles caduques, à longue floraison. Soleil, mi-ombre. P. 'Manchu' (bas, à feuillage argenté), P. 'Vilminiana' sont recommandés. *Blanc, crème.*

Rosa ROSE.
Arbuste ou grimpante à fleurs variées. Sol riche, frais, soleil. Tout l'été et l'automne. *Toutes couleurs, sauf bleu.*

Santolina SANTOLINE.
Buisson persistant aromatique. Soleil. S. *chamaecyparissus* a un feuillage argenté, S. *pinnata* subsp. *neapolitanum* un feuillage gris. *Jaune.*

Spartium junceum
GENÊT D'ESPAGNE.
Arbuste à feuilles caduques. Sol léger, soleil. Fleurs parfumées du début de l'été à l'automne. *Jaune.*

Weigela.
Arbuste moyen à grand, à feuilles caduques. Sol frais mais bien drainé, soleil ou mi-ombre. Profusion de fleurs, du début à la mi-été. *Rouge, rose, blanc.*

Wisteria GLYCINE.
Grande grimpante à feuilles caduques joliment découpées, longues grappes de fleurs parfumées. Soleil. *Rose, lilas, blanc.*

ANNUELLES ET BISANNUELLES

Ageratum.
Annuelle basse semi-rustique, fleurs mousseuses, bonne pour pot. Sol frais, bien drainé, soleil. *Rose, lilas, bleu, blanc.*

Alcea ROSE TRÉMIÈRE.
Grande vivace à traiter en annuelle. Sol riche, frais mais bien drainé, soleil. Fleurs simples ou doubles en épis atteignant 3 m. *Jaune, abricot, rouge, rose, blanc.*

Antirrhinum MUFLIER.
Vivace à traiter en annuelle. Soleil. Léger parfum. A. *majus* a produit de nombreuses formes. *Jaune, orange, rouge, rose, blanc.*

Arctotis x hybrida.
Généralement traité en annuel. Soleil. Succession de grandes fleurs colorées. *Jaune, orange, rouge, rose, blanc.*

Calceolaria CALCÉOLAIRE.
Annuelle semi-rustique ou bisannuelle. Sol riche, frais mais bien drainé, soleil. Fleurs tachetées. *Jaune, orange, rouge, rose.*

Calendula SOUCI.
Annuelle se ressemant spontanément. Tous sols pas trop riches, soleil. Fleurs simples ou doubles tout l'été et l'automne. *Jaune, orange, abricot, crème.*

Celosia CÉLOSIE.
Annuelle, avec crête de coq ou plumet, à planter dehors en début d'été, ou en pot. Soleil. *Orange, rouge, rose, pourpre, crème.*

Centaurea BLEUET.
Annuelle ou bisannuelle. Plein soleil. Le bleuet sauvage C. *cyanus* est d'un bleu spectaculaire. *Rose, pourpre, bleu, blanc.*

Clarkia.
Annuelle, floraison continue, bonnes fleurs pour bouquets. Soleil. *Rouge, rose, saumon, blanc.*

Coleus.
Vivace persistante cultivée en annuelle pour son feuillage. Sol riche, soleil. Couper les fleurs dès leur apparition. *Toutes couleurs, sauf bleu.*

Convolvulus.
Annuelle à longue floraison (et vivace). Soleil. *Rose, pourpre, lilas, blanc.*

Cosmos.
Annuelle ou vivace, à feuillage léger. Sol léger, soleil. *Jaune, orange, rose, blanc.*

Digitalis purpurea DIGITALE.
Bisannuelle, nombreuses formes. Sol frais, bien drainé, mi-ombre. Grandes hampes fleuries du début à la mi-été. *Rouille, rose, pourpre, blanc, crème.*

Echium lycopsis.
Annuelle buissonnante. Soleil. Mi-été. *Rose bleuté, pourpre, blanc.*

Eschscholzia californica.
Annuelle à longue floraison, feuillage argenté léger, fleurs en coupe. Soleil. *Jaune, orange, rouge, rose, blanc.*

Gomphrena.
Annuelle à fleurs de trèfle, pour bouquets secs. Plein soleil. Mi-été à fin d'été. *Jaune, orange, rouge, rose, pourpre, blanc.*

HELICHRYSUM BRACTEATUM

Helichrysum bracteatum
IMMORTELLE À BRACTÉES.
Annuelle de culture facile. Soleil. *Toutes couleurs, sauf bleu et vert.*

Iberis umbellata THLASPI.
Annuelle basse. Soleil. *Surtout rose, lilas, lavande, blanc.*

Lathyrus odoratus
POIS DE SENTEUR.
Annuelle grimpante, belles fleurs parfumées. Sol riche, soleil. *Orange, rouge, rose, violet, pourpre, bleu, blanc, crème.*

Linaria maroccana
LINAIRE DU MAROC.
Annuelle semi-rustique à petites fleurs. Sol léger, soleil. *Jaune, rouge, rose, lilas, blanc.*

Linum LIN.
Annuelle ou vivace à petites feuilles, fleurs de couleurs vives. Soleil. *Rose, rouge, jaune, bleu.*

Matthiola.
Annuelle ou bisannuelle à fleurs très parfumées. Soleil ou mi-ombre. *Rouge, rose, pourpre, lilas, blanc, crème.*

Nemesia.
Annuelle à longue floraison. Sol neutre ou acide, soleil. Mi-été. *Jaune, orange, rouge, rose, bleu, blanc.*

Nicotiana
TABAC D'ORNEMENT.
Vivace traitée en annuelle. Sol frais, bien drainé, soleil ou mi-ombre. *Pêche, rouge, rose, vert, blanc.*

Nigella NIGELLE DE DAMAS.
Annuelle facile à semer. Soleil. Capsules de graines décoratives en automne. *Rose, bleu, blanc.*

Petunia.
Annuelle vigoureuse. Ne pas planter dans le même sol deux ans de suite. Soleil. Fleurs pourpres et bleues parfumées. *Rouge, rose, violet, pourpre, bleu, blanc, crème.*

Phacelia campanularia.
Annuelle buissonnante. Sol léger, soleil. *Bleu intense.*

Portulaca POURPIER.
Surtout succulente, traitée en annuelle. Larges fleurs vivement colorées s'ouvrant au soleil. Sol léger, plein soleil. *Jaune, rouge, rose, pourpre, blanc.*

Salvia splendens SAUGE.
Annuelle très colorée à épis fleuris, bonne pour pot. Soleil. *Orange, abricot, écarlate, rose, pourpre, mauve, blanc.*

Schizantus.
Grande annuelle à longue floraison. Fleurs à cœur souvent moucheté. Sol riche, plein soleil. *Rouge, rose, pourpre, blanc.*

Silene.
Annuelle à fleurs vives ou pastel. Soleil ou ombre lumineuse. *Rose, lilas, blanc, crème.*

Tagetes ROSE D'INDE.
Annuelle à longue floraison. Soleil. Oter régulièrement les fleurs fanées. *Jaune, doré, orange.*

NICOTIANA 'LIME GREEN'

Tropaeolum majus CAPUCINE.
Annuelle grimpante, bonne pour pot, avec de nombreuses formes. Soleil. Appréciée des pucerons. *Jaune, orange, rouge, blanc, crème.*

Ursinia.
Annuelle et vivace au feuillage finement découpé et à fleurs en forme de marguerite, parfaite pour pot. Soleil. *Jaune, orange, rouge.*

Verbena x hybrida.
Annuelle aux nombreuses variétés, parfaite pour pot, y compris les suspensions. Sol riche, soleil. *Rouge, rose, violet, pourpre, blanc.*

Viola x wittrockiana PENSÉE.
Annuelle. Sol riche, frais, bien drainé, soleil ou mi-ombre. Nombreuses variétés à floraison continue. *Toutes couleurs, sauf vert.*

Zinnia.
Annuelle semi-rustique, à fleurs en pompon. Sol fertile bien drainé, soleil. *Toutes couleurs (dont vert tilleul), sauf bleu.*

VIVACES ET BULBES

Aconitum ACONITUM.
Vivace à longs épis bleus. Sol riche et frais mais bien drainé, mi-ombre. Toute la plante est toxique. *Rose, violet, bleu, blanc.*

Alchemilla.
Vivace basse envahissante. Mi-ombre. Fleurs bonnes pour bouquets secs. *Vert-jaune.*

Allium AIL D'ORNEMENT.
Bulbe. Belles ombelles sur de nombreuses variétés. Soleil. Fin du printemps à la mi-été. *Jaune, rose, pourpre, blanc.*

AQUILEGIA VULGARIS 'NIVEA'

Alstroemeria ALSTROEMÈRE.
Vivace aux nombreuses variétés hybrides. Ne pas déranger une fois en place. Soleil. *Jaune, orange, rouge, rose, pourpre, blanc.*

Anchusa azurea.
Vivace à panicules atteignant 2 m. Soleil. *Bleu intense.*

Anigozanthos.
Vivace semi-rustique. Sol acide et frais, soleil. *Jaune, moutarde, écarlate, rose, prune, vert.*

Aquilegia ANCOLIE.
Vivace moyenne aux fleurs à éperons, culture facile à partir de semis. Sol frais bien drainé, soleil ou mi-ombre. Début d'été. *Jaune, rose, pourpre, lilas, bleu, blanc.*

Armeria.
Vivace persistante formant des touffes basses avec de petites fleurs, convient au climat maritime. Soleil. *Rouge, rose, blanc.*

Artemisia ARMOISE.
Vivace, persistante ou semi-persistante, cultivée pour son feuillage aromatique. Soleil. Couper les branches désordonnées. *Argenté, gris argenté.*

Astilbe.
Vivace aimant les sols humides, panicules dressées d'aspect plumeux. Mi-ombre. Mi-été. *Rouge, rose, blanc.*

Astrantia.
Vivace moyenne. Fleurs à grandes bractées parcheminées. Sol frais mais bien drainé, mi-ombre. *Rose, vert, blanc.*

Begonia.
Vivace frileuse, surtout tubercule ou rhizome, généralement traitée en annuelle, feuilles colorées et nombreuses fleurs. Sol riche, frais, bien drainé, mi-ombre ou ombre. *Jaune, orange, rouge, rose, blanc.*

Borago BOURRACHE.
Vivace envahissante à feuilles poilues et fleurs pendantes. Soleil ou mi-ombre. *B. pygmaea*, basse, est ravissante. *Bleu, blanc.*

Campanula.
Famille de vivaces allant des plantes de rocaille aux variétés hautes. Soleil ou mi-ombre. *Rose, pourpre, bleu, blanc, crème.*

Canna.
Grande vivace semi-rustique aux feuilles en épée, parfois rouges. Cultiver en pot ou à l'extérieur en début d'été, et rentrer avant les gelées. *Jaune, orange, écarlate, rose, crème.*

Coreopsis.
Vivace ou annuelle moyenne à grandes fleurs en forme de marguerite. Sol léger, soleil. Mi-été à fin d'été. *Jaune, doré, orange, rouge.*

Crambe cordifolia
CHOU D'ORNEMENT.
Vivace, masse de petites fleurs, 2 m au-dessus de très grandes feuilles. Sol alcalin, soleil. *Blanc.*

Dahlia.
Vivace à tubercule, nombreuses variétés. Planter en fin de printemps, sol riche, soleil. Mi-été à fin d'été. *Toutes couleurs, sauf bleu et vert.*

Delphinium.
Grande vivace (à tuteurer) à hampes fleuries. Sol riche, soleil. Couper les tiges fanées pour une seconde floraison. *Rose, pourpre, très beaux bleus, blanc, crème.*

Dianthus ŒILLET.
Vivace basse ou moyenne, à fleurs simples ou doubles, souvent à parfum de clou de girofle. Sol neutre à alcalin, très bien drainé, soleil. Tuteurer les variétés hautes. Les *Dianthus* modernes ont une longue floraison. *Jaune, orange, rouge, rose, pourpre, blanc.*

Erigeron.
Vivace basse, nombreuses fleurs et longue floraison. Soleil. *Rose, violet, pourpre, lilas.*

Eryngium.
Vivace basse à feuillage argenté. Fleurs en forme de chardon entourées de bractées plumeuses. Soleil. *Surtout bleu argenté, quelques pourpres, vert.*

Euphorbia EUPHORBE.
Genre aux nombreuses espèces vivaces, cultivées pour leur forme arrondie et leurs bractées (*E. griffithii* a des bractées rouges). Soleil. *Généralement vert tilleul.*

Felicia.
Vivace assez frileuse souvent traitée en annuelle, formant des coussin feuillus. Soleil, à abriter des vents froids. Floraisons successives. *Bleu vif.*

Filipendula.
Grande vivace à fleurs en panicules. Sol frais bien drainé, soleil ou mi-ombre. *Rose, blanc.*

DELPHINIUM 'FENELLA'

COREOPSIS GRANDIFLORA 'BADENGOLD'

Foeniculum FENOUIL.
Grande herbe vivace décorative à feuillage plumeux et fleurs en ombelles. Soleil. *Vert-jaune.*

Gaillardia.
Vivace moyenne ou annuelle aux fleurs en forme de marguerite. Soleil. Tout l'été et en début d'automne. *Jaune, orange, rouge.*

Galega RUE DES CHÈVRES.
Vivace moyenne, épis de fleurs semblables à celles du pois. Soleil ou mi-ombre. Tuteurer. Mi-été. *Rose, bleu, blanc.*

Gazania.
Vivace basse semi-rustique, souvent traitée en annuelle (parfois feuillage argenté), grandes fleurs. Plein soleil. *Jaune, orange, rouge, rose, vert tilleul, blanc.*

Geranium.
Vaste genre aux nombreuses vivaces basses. Soleil ou mi-ombre. *G. cinereum*, *G. endressii*, *G. nodosum* et *G. subcaulescens* ont tous une longue floraison. *Carmin, rose, violet, pourpre, bleu, blanc.*

Gerbera.
Vivace basse peu rustique à rosettes de feuilles et en forme de fleur de marguerite. Soleil, à abriter. *Jaune, orange, rouge, rose, blanc.*

Geum.
Vivace petite à moyenne. Sol frais bien drainé, soleil ou mi-ombre. *Orange, rouge, rose.*

Gladiolus GLAÏEUL.
Bulbe. Grandes hampes de fleurs semblables à celles du lis. Sol riche, soleil. *Toutes couleurs, sauf bleu.*

Gypsophila GYPSOPHILE.
Vivace petite à moyenne, brouillard de fleurs minuscules sur tiges ramifiées. Sol alcalin, soleil. *Rose, blanc.*

Hemerocallis HÉMÉROCALLE.
Vivace moyenne à fleurs semblables à celles du lis, généralement longue floraison. Sol riche, soleil ou mi-ombre. *Jaune, orange, rouge, rose, pourpre, blanc.*

Impatiente IMPATIENTE, BALSAMINE.
Vivace fragile, parfois annuelle, formant coussin, parfois à feuilles décoratives. Parfaite en pot. Sol frais bien drainé, soleil, mi-ombre, ombre. Protéger du froid. *Jaune, orange, rouge, rose, pourpre, blanc.*

Iris.
Rhizome. Feuilles en épée et belles fleurs souvent très parfumées. Soleil. *I. laevigata* et apparentés aiment les endroits humides, près des étangs et des cours d'eau. Surtout en début d'été (certaines variétés en hiver ou au printemps). *Toutes couleurs.*

Kniphofia TRITOMA.
Vivace à grands épis fleuris. Beaucoup d'hybrides ont des feuilles en épée vert argenté. Soleil. Été et automne. *Jaune, orange, rouge, blanc, crème.*

Liatris.
Vivace moyenne, feuilles en lanières. Fleurs en épis allongés. Sol riche et léger, soleil. *Rose, pourpre, blanc.*

Lilium LIS.
Bulbe. Grosses fleurs groupées sur la même tige, souvent très parfumées. Parfait en pot. Sol riche, soleil ou mi-ombre. *Jaune, orange, rouge, pourpre, blanc, crème.*

Lobelia.
Vivace semi-rustique ou annuelle. Sol riche, frais bien drainé, mi-ombre. *L. fulgens* (moins rustique) a des fleurs écarlates. *Rose, pourpre, jolis bleus, blanc.*

Lupinus LUPIN.
Vivace moyenne ou grande, épis à fleurs semblables à celles du pois. Sol non calcaire. Soleil ou mi-ombre. Aimée des pucerons. Couper les fleurs fanées pour une seconde floraison. *Jaune, orange, rouge, rose, pourpre, bleu.*

Lychnis.
Vivace petite à moyenne. Soleil. *L. coronaria* présente un feuillage argenté et des fleurs rose vif. *Orange, rouge, rose, blanc.*

Lysimachia LYSIMAQUE.
Vivace moyenne souvent envahissante. Soleil ou mi-ombre. *L. nummularia* 'Aurea' est une jolie grimpante à fleurs et feuilles jaunes. *Jaune, blanc.*

Lythrum.
Vivace moyenne à haute, fleurs en épis. Sol frais, soleil ou mi-ombre. Mi-été. *Rose.*

PAPAVER NUDICALE
'SUMMER BREEZE'

Meconopsis PAVOT.
Vivace, belle mais de courte durée, dont les merveilleux pavots bleus *M. betonicifolia* et *M. grandis*. Sol acide riche, frais, bien drainé, mi-ombre. *Jaune, orange, rose, pourpre, bleu, blanc.*

Mimulus.
Vivace annuelle ou arbuste, fleurs semblables à celles du muflier. Sol frais, soleil ou mi-ombre. *Jaune, orange, rouge, rose, blanc.*

Mirabilis BELLE-DE-NUIT.
Vivace à bulbe, semi-rustique. Fleurs parfumées en trompette, s'ouvrant le soir. Sol riche, soleil. *Jaune, rouge, rose, blanc.*

Monarda didyma MONARDE.
Vivace moyenne, nombreuses variétés, feuilles aromatiques et fleurs en bractées. Sol riche, soleil. *Rouge, rose, pourpre, blanc.*

Nepeta.
Vivace basse à moyenne, port étalé, épis fleuris, longue floraison. Soleil, mi-ombre. *Lavande, bleu, blanc.*

Nymphaea NÉNUPHAR.
Plante aquatique vivace, fragile, à fleurs simples ou doubles en étoile, souvent parfumées. Sol riche, en bassin ou conteneur grillagé, soleil ou ombre lumineuse. *Jaune, rouge, rose, pourpre, blanc.*

Oenothora.
Vivace basse à haute (quelques annuelles aussi), à fleurs en forme de coupe. Soleil. *Jaune, orange, rose, blanc.*

Paeonia lactiflora PIVOINE.
Vivace formant touffe, nombreux hybrides à fleurs simples ou doubles souvent parfumées. Sol riche, bien drainé, soleil ou mi-ombre. *Rouge, rose, crème, blanc.*

Papaver PAVOT.
Vivace moyenne ou annuelle, se ressemant spontanément. Soleil. *Jaune, orange, rouge, rose, pourpre, blanc.*

Penstemon.
Vivace basse à moyenne, fleurs en épis. Soleil. *Rouge, rose, pourpre, bleu, blanc.*

Phlox paniculata.
Vivace moyenne, nombreuses variétés. Fleurs parfumées en panicules. Sol riche, frais, bien drainé, soleil. *Orange, rouge, rose, pourpre, lilas, violet, blanc.*

Physostegia.
Vivace moyenne, fleurs en trompette, en épis. Soleil ou mi-ombre. *Rose, pourpre, blanc.*

Polemonium.
Vivace moyenne au feuillage de fougère. Sol frais mais bien drainé, soleil ou mi-ombre. *Bleu, lavande, blanc.*

Polygonum.
Vivace ou grimpante à longue floraison, devenant parfois envahissante, fleurs en épis. Sol frais bien drainé, soleil ou mi-ombre. *Rouge, rose, blanc.*

Primula PRIMEVÈRE.
Vivace à fleurs souvent dressées en ombelles. Sol frais (réussit près de l'eau), soleil ou mi-ombre. *Jaune, orange, rouge, rose, pourpre, blanc.*

Pyrethrum.
Vivace à fleurs en forme de marguerite. Soleil. Début d'été. *Rouge, rose, pourpre, blanc.*

Romneya.
Vivace belle mais envahissante, à feuilles argentées et grandes fleurs de pavot parfumées. Rustique. Soleil. Mi-été à fin d'été. *Blanc.*

Roscoea.
Vivace à bulbe, basse à moyenne, fleurs semblables à des orchidées. Sol riche, frais mais bien drainé, mi-ombre. *Jaune, pourpre, crème, blanc.*

Scabiosa caucasica SCABIEUSE.
Vivace moyenne à fleurs en coupe ondulées. Soleil. *Rose, violet, bleu, blanc.*

Sidalcea.
Vivace moyenne, épis à fleurs semblables à celles de la rose trémière, longue floraison. Soleil. *Rouge, rose, blanc.*

Thalictrum.
Vivace moyenne à grande, fleurs plumeuses sur feuillage léger. Sol riche, frais, bien drainé, soleil. *Jaune, rose, lilas, blanc.*

Tradescantia.
Vivace moyenne rustique à longue floraison. Sol riche, frais mais bien drainé, soleil ou mi-ombre. *Rose, pourpre, beaux bleus, blanc.*

Verbascum MOLÈNE.
Vivace souvent à hautes tiges, vie courte (quelques annuelles aussi). Soleil. *V. chaixii* et *V. olympicum* ont des rosettes de feuilles argentées. *Jaune, rose, pourpre, blanc.*

Veronica VÉRONIQUE.
Vivace petite à moyenne, fleurs en épis, tuteurage souvent nécessaire. Sol riche, frais, bien drainé, soleil. *Rose, bleu blanc.*

PRIMULA 'IRIS MAINWARING'

SÉLECTION DE PLANTES PAR SAISON

❀ AUTOMNE ❀

ARBRES, ARBUSTES ET GRIMPANTES

Acer circinatum, A. ginnala, A. japonicum, A. palmatum, A. rubrum et autres ÉRABLES.
Petits, moyens et grands arbres à feuilles caduques, certains portant des fruits ornementaux. La plupart réclament des sols frais, bien drainés, soleil ou mi-ombre. *Jaune vif, doré, orange, rouge.*

Cotoneaster.
Moyen ou grand arbuste persistant ou à feuilles caduques, petites fleurs blanches en été, suivies de baies colorées. Soleil. *Jaune, orange, rouge.*

Erica BRUYÈRE.
Groupe de sous-arbrisseaux bas persistants, beaucoup fleurissant tout l'automne. Sol acide, léger, frais mais bien drainé, soleil. *E. cinerea, E. vagans* et leurs variétés sont recommandés. *Rose, pourpre, blanc.*

ACER CIRCINATUM

Hydrangea HORTENSIA.
Arbuste grand ou moyen, ou grimpante, à feuilles caduques ou persistantes, grosses fleurs. Sol riche (acide pour les variétés bleues), mi-ombre. Été et automne, selon la variété. *Rouge, rose, pourpre, bleu, blanc.*

Liriodendron TULIPIER.
Grand arbre à feuilles caduques, cultivé pour ses fleurs orange et vert (seulement sur plante adulte en été) et son feuillage d'automne. Soleil ou mi-ombre. *Or vif.*

Malus coronaria 'Charlottae', M. trilobata, M. tschonoskii POMMIER D'ORNEMENT.
Arbres moyens à feuilles caduques, beau feuillage d'automne. Sol riche, soleil ou mi-ombre. *Or vif, rouge, pourpre.*

Phygelius.
Arbuste persistant semi-rustique, généralement traité en vivace rustique. Fleurs en trompette sur de hautes tiges. Soleil, à abriter. Fin d'été et automne. *Jaune, orange, rouge.*

Pyracantha.
Arbuste persistant épineux, fleurs blanches en été, suivies de baies vives. Soleil ou mi-ombre. *Jaune, orange, rouge.*

Quercus coccinea, Q. rubra et autres CHÊNES.
Arbres à feuilles caduques, feuillage flamboyant. Soleil. *Jaune, orange, rouge.*

ANNUELLES ET BISANNUELLES

Amaranthus caudatus AMARANTE QUEUE-DE-RENARD.
Annuelle à longs épis traînants (*A. hybridus* à plumets dressés convient aussi). Sol riche, soleil. *Rouge, pourpre, vert.*

Callistephus.
Annuelle basse semi-rustique à fleurs doubles. Soleil. *Jaune, rouge, rose, pourpre, blanc.*

Helianthus annuus SOLEIL.
Grande annuelle à développement rapide, grandes fleurs. Soleil. Fin d'été et automne. *Jaune, doré.*

VIVACES ET BULBES

Amaryllis.
Bulbe donnant des fleurs parfumées après les feuilles. Soleil, à abriter. *Rose.*

Anemone hupehensis, A. x hybrida.
Vivace petite à moyenne, à fleurs en coupe. Sol riche, soleil ou mi-ombre. Fin d'été et automne. *Rose, blanc.*

CYCLAMEN PSEUDIBERICUM

Aster.
Vivace petite à moyenne, à petites fleurs en forme de marguerite. Sol riche, frais et bien drainé, soleil. Sujet au blanc et au dessèchement, mais donne de merveilleux massifs en automne. *Riches roses, pourpres, violets et bleus, blanc.*

Chrysanthemum.
Vaste genre de vivaces (quelques annuelles aussi), beaucoup fleurissant en automne. Diverses variétés, de la petite fleur simple aux grosses fleurs éclatantes. Sol riche, soleil. *Toutes couleurs, sauf bleu.*

Cyclamen.
Vivace tubéreuse (quelques rares persistantes aussi). Soleil ou mi-ombre. (Variétés fleurissant en hiver, printemps, été également.) *Carmin, rose, rouge pourpré, blanc.*

Dahlia.
Tubercule à petites ou grandes fleurs, simples ou doubles, en diverses variétés. Planter à la fin du printemps. Sol riche, soleil. Conserver les tubercules à l'abri du froid. Fin d'été et automne. *Toutes couleurs, sauf bleu et vert.*

Eupatorium EUPATOIRE.
Vivace, souvent haute. Sol frais mais bien drainé, soleil ou mi-ombre. Fin d'été et automne. *Rouge, rose, pourpre, blanc.*

Gentiana sino-ornata et hybrides GENTIANE.
Vivace basse à fleurs en trompette, parfaite pour jardinière. Sol acide, très bien drainé, soleil. *Bleus intenses.*

Gladiolus GLAÏEUL.
Bulbe, haute tige, à belles fleurs s'ouvrant du bas de la tige vers le haut. Sol riche mais très bien drainé, soleil. Déterrer les bulbes et conserver à l'abri du froid. Fin d'été et automne. *Toutes couleurs, sauf bleu.*

Helenium.
Vivace moyenne à bouquets de fleurs en forme de marguerite. Soleil. Mi-été à fin d'été et automne. *Jaune, orange, rouge.*

Nerine.
Bulbe rustique et semi-rustique, fleurs en trompette. Plein soleil contre un mur. *N. bowdenii* rustique est excellent (d'autres doivent être protégés du froid). *Orange, rouge, rose, blanc.*

Rudbeckia.
Vivace moyenne (annuelle ou bisannuelle) à fleurs en forme de marguerite, bonne tenue en vase. Soleil. *Jaune, orange, rouge.*

Schizostylis LIS DES CAFRES.
Vivace à rhizome, épis de fleurs comme de petits glaïeuls. Tout juste rustique. Sol riche, soleil, à abriter des vents froids. Mi-automne à fin d'automne. *Rouge, rose, blanc.*

Solidago VERGE-D'OR.
Surtout des grandes vivaces à fleurs plumeuses. Soleil ou mi-ombre. Jolies plantes, mais envahissantes et épuisantes pour le sol. *Jaune, or.*

DAHLIA 'HILLCREST ROYAL'

152

HIVER

ARBRES, ARBUSTES ET GRIMPANTES

Aucuba.
Grand ou moyen arbuste persistant, dont variétés panachées. Fructification seulement si plantes des deux sexes. Mi-ombre ou ombre. *Feuillage vert, ou panaché de jaune ou de crème, baies rouges.*

Buxus BUIS.
Arbuste ou petit arbre persistant, aromatique, parfait pour haie et topiaire. Soleil ou mi-ombre. Taille en fin d'été. *Vert foncé luisant.*

Camellia.
Arbuste ou arbrisseau persistant, à feuilles vertes luisantes et fleurs simples ou doubles. A peine rustique. Sol non calcaire, riche, frais, bien drainé. *Jaune, rouge, rose, blanc.*

Cedrus atlantica f. glauca et autres CÈDRES.
Conifères persistants, certains avec aiguilles bleu argenté. Soleil. *Bleu argenté, vert.*

Chamaecyparis FAUX CYPRÈS.
Conifère persistant, variétés colorées, de l'arbre nain au grand arbre. Soleil. *Vert, or, bleu, argenté.*

Chimonanthus.
Arbuste à feuilles caduques et fleurs très parfumées sur tiges nues. Sol riche, à l'abri d'un mur ensoleillé. *Jaune, crème.*

Cornus alba et variétés CORNOUILLER.
Arbustes à feuilles caduques, pousses colorées en hiver. Soleil. *Pousses jaunes, rouges.*

Corylopsis.
Arbuste moyen ou grand, à feuilles caduques et fleurs parfumées. Sol non calcaire, soleil. Fin d'hiver, printemps. *Jaune, crème.*

Cupressus CYPRÈS.
Petit ou moyen conifère persistant, à feuillage plumeux en bouquet. Soleil. *Vert, or, gris-bleu, argenté.*

Cryptomeria japonica et variétés.
Conifères persistants, à feuillage coloré en hiver. Sol acide, riche, frais, bien drainé, mi-ombre. *Bronze.*

Daphne.
Arbuste à feuilles caduques ou persistant, petit ou moyen, à fleurs très parfumées. Les persistants *D. odora* 'Aureo-marginata' et *D. laureola* (sans parfum, tolérant l'ombre) et *D. mezereum*, à feuilles caduques, fleurissent de l'hiver au printemps (les autres variétés au printemps et en été). *Jaune, rose, vert, blanc.*

SKIMMIA JAPONICA

Hamamelis.
Petit arbre à feuilles caduques. Fleurs parfumées. Sol riche, non calcaire, bien drainé, mi-ombre. Fin d'hiver. *Jaune, orange, rouge.*

Hedera LIERRE.
Grimpante persistante s'accrochant seule, moyenne ou haute. Variétés panachées (*H. helix* 'Tricolor' est lavé de prune en hiver). Soleil ou ombre. *Vert, ou panaché de doré, de crème ou d'argent.*

Ilex HOUX.
Groupe d'arbustes et d'arbres petits et grands, persistants (variétés panachées), à baies colorées. Sol riche, frais, bien drainé, soleil ou ombre. (*I. verticillata*, à feuilles caduques, offre une profusion de baies rouges en fin d'automne et début d'hiver.) *Feuillage vert, ou lavé de jaune, de blanc ou de crème, baies jaunes, orange, rouges, vertes, blanches, noires.*

Jasminum nudiflorum JASMIN D'HIVER.
Haut arbuste rustique à feuilles caduques, rameaux arqués. Soleil. *Jaune.*

Juniperus GENÉVRIER.
Conifère persistant, variétés colorées (surtout à croissance lente). Soleil ou mi-ombre. *Vert, doré, bleu, argenté.*

Laurus LAURIER.
Arbre moyen aromatique, persistant, convenant pour grand topiaire. Sol riche, soleil ou mi-ombre abritée. En pot, réclame des arrosages occasionnels si hiver doux. *Vert foncé brillant.*

Lonicera CHÈVREFEUILLE.
Voir liste des plantes d'été.

Mahonia.
Groupe d'arbustes persistants, à feuilles épineuses et grappes de fleurs décoratives. *M.* x 'Charity', *M. japonica* et *M. lomarifolia* ont des fleurs à parfum de muguet. Sol riche, frais, bien drainé, mi-ombre. *Jaune.*

Picea ÉPICÉA.
Conifère allant du miniature au grand arbre, persistant ; variétés à feuillage coloré (*P. pungens f. glauca* très argenté). Sol acide, frais, bien drainé, soleil, à abriter. *Vert, doré, bleu, argenté.*

Skimmia.
Arbuste moyen, persistant. Mâle et femelle nécessaires pour obtenir des fleurs et baies en hiver (mais *S. japonica* subsp. *reevesiana* est autofertile). Sol riche, frais, bien drainé, soleil ou mi-ombre. *Fleurs blanches, boutons roses, baies écarlates.*

Taxus baccata IF COMMUN.
Conifère moyen, persistant, bon pour topiaire et haie. Soleil ou ombre. *Vert foncé, fruits rouges sur femelle (jaunes sur 'Lutea').*

Viburnum VIORNE.
Arbuste à feuilles caduques, persistant. Sol riche, frais, bien drainé, soleil. *V.* x *bodnantense* à parfum de vanille et *V. farreri* ont des feuilles caduques et des fleurs sur rameaux nus. *V. tinus* est persistant et fleurit de l'automne au printemps. *Rose, blanc.*

VIVACES ET BULBES

Bergenia.
Vivace basse, à grandes feuilles rondes persistantes. Soleil ou mi-ombre. Fleurit par hiver doux jusqu'au printemps. *Rose, pourpre, blanc.*

Crocus.
Bulbe ; plante basse à utiliser en larges nappes. Soleil. Milieu à fin d'hiver, selon le temps (variétés d'automne). *Jaune, orange, rouge, rose, pourpre, bleu, blanc.*

Eranthis.
Tubercule, plante basse, à fleurs en coupe entourées de rosettes de feuilles. Sol frais, bien drainé, soleil. Milieu d'hiver. *Jaune.*

Galanthus PERCE-NEIGE.
Bulbe ; fleurs délicates en clochette. Sol frais, bien drainé, mi-ombre. Selon le temps, milieu d'hiver au printemps. *Blanc lavé de vert.*

Helleborus ROSE DE NOËL.
Vivace persistante ou semi-persistante. Sol riche, frais mais bien drainé, mi-ombre. *H. niger* en début hiver ; *H. orientalis* 'Atrorubens' et *H. viridis* en milieu et fin d'hiver, et début du printemps. *Rose, vert, blanc, crème.*

Iris.
Voir liste des plantes d'été.

GALANTHUS FOSTERI

INDEX

154

CRÉDITS PHOTOS

Photographies de studio et la photo d'extérieur page 140 (*en bas, à droite*) par Stephen Hayward. Photographies d'extérieur par Steven Wooster. Photos de plantes (Sélection de Plantes par Saison) comme suit :

Andy Butler (*146 gauche, 148 haut, 150 droite*) ; Clive Boursnell (*148 gauche, droite*) ; Eric Crichton (*151 droite*) ; Howard Rice (*152 gauche*) ; Neil Flechter (*147 centre et droite, 149 droite, 151 centre, 152 droite*) ; Andrew Lawson (*147 gauche, 150 gauche*) ; Steven Wooster (*146 droite, 149 gauche, 150 centre, 152 centre, 153 gauche et droite*)

Les photographies d'extérieur des pages 1 et 4 sont décrites dans « Semis Naturel » (page 73) et « Flamboyance » (page 108). Celles des pages 2, 5, 159 et 160 sont décrites ci-dessous.

INVITATION
À LA PROMENADE

L'ombre d'un bosquet invite le promeneur à entrer dans la fraîche obscurité du bois. La lumière d'été, filtrant à travers les feuilles, joue gaiement avec les roses, jaunes et verts.

CONTRASTE
ACIDULÉ

Contre le vert tilleul de l'euphorbe, une tulipe rose se détache, majestueuse. Les verts acidulés des feuilles ou des fleurs font ressortir presque toutes les couleurs d'un jardin.

JOURS
HEUREUX

Un tourbillon de couleurs entraîne les lupins, népétas, roses, phlomis et digitales en une joyeuse ronde de pourpres et de roses, rehaussés de jaune pâle et de blanc.

HAIE
ENSOLEILLÉE

Un vieux poirier sauvage dresse ses branches dénudées au-dessus d'une haute haie d'ifs. L'azur du ciel et le vif soleil d'automne réchauffent son écorce grise.